訂正表

『知的思考の技術』に下記の誤りがありましたので、訂正してお詫び申しあげます。

58ページ 本文 上から2行目
【誤】参考書を使った人の中で合格した人の割合は、
【正】合格した人の中で参考書を使った人の割合は、

58ページ 本文 上から3行目
【誤】一方で、参考書を使わなかった人の中で合格した人の割合は、
【正】一方で、不合格の人の中で参考書を使った人の割合は、

58ページ 本文 上から8行目
【誤】参考書を使わなくても合格する確率も80％であれば、
【正】参考書を使って不合格になる確率も80％であれば、

知的思考の技術 初版

知的思考の技術

考えるフレームを強化する
7つのステップの思考術

（学）産業能率大学総合研究所
知的思考の技術研究プロジェクト

編著

まえがき

　情報技術の進歩やネットワーク化の進展により、私たちの生活は高度化・複雑化する一方で、ますます便利になりつつある。例えば、パソコンに「ワイン」と「通信販売」というキーワードを入力すれば、たちどころに世界各地のワインを手に入れることができる。しかもそのワインを飲んだ人の感想までも見ることができる。しかし、そうした膨大な情報が何を基準に検索されたのか、どのような優先順位で記載されているのか等々についてはブラックボックス化してしまい、その過程を吟味する機会はないに等しい。その過程を吟味する手間が省けたことで便利になったと感じる人も多いだろう。しかしその一方で、私たちは自分で考えるということをしなくなってしまっているのである。つまり私たちは便利な生活を享受する一方、大げさにいえば自分で"考える"ということを放棄してしまったのである。

　本書は、"考える"ことが少なくなってしまった、あるいは"考える"ことが下手になってしまった現代人に、"上手に考える"ための思考技術を身につけてもらうことを目的にしている。

　その背景には、企業の現場で「指示待ち」とか「知識はあるが判断できない」と揶揄される若手社員の存在がある。執筆メンバーが所属する産業能率大学は、経営コンサルティングや研修などを行う社会人教育部門と、大学院MBAコース、大学、短大を擁する学生教育部門とを併せ持つユニークな教育機関である。いわば企業に人材を送り出す側と、人材を受け入れて教育する側の両方を担っているわけである。

　両方の活動を通じて痛感することが、前述の"考える"ことが少なくなってしまい、"考える"ことが下手になってしまった社員が多いという事実である。

　そこで、どうすれば"上手に考える"ことができるのか、についての研究がスタートした。

まず実社会において評価を得ている人たち、つまり簡単にいえば"デキる"人たちの思考様式を調べることから始まった。幸いなことに筆者は、経営コンサルティングや講演・研修活動等を通じて企業の社員や管理者そして経営者の方々と日々接することができる。そうした毎日の出会いの中から、"デキる"人がどのように考え、また"デキない"人がどのように考えているのかを観察してきた。

　こうした観察を通じて明らかになってきたのは、"デキる"人たちというのは、実に多くの思考法を駆使しているという事実である。つまり状況に応じてさまざまな思考法を使い分けているのである。一方"デキない"人たちはというと、いわゆる思考法といわれるもの自体を知らないか、あるいは知っていたとしても特定の思考法に固執してしまい、せっかくの思考法も適切に使いこなしていなかったのである。

　世の中に思考法、思考術と名のつくものはいろいろあるが、それらをすべて学ぶことは仕事を持つ社会人には実質的には不可能であろう。そこでそれらのエッセンスを効率よく学べるような研修プログラムを作れないだろうか、という筆者の呼び掛けに応じてくれたのが、それぞれ専門分野は異なるが産業能率大学経営管理研究所に所属する気鋭の研究員諸氏である。

　本書執筆の直接のきっかけは、こうした問題意識を共有する執筆メンバーとの勉強会である。異なる専門分野を持つ研究員が同じ問題意識のもとに議論するという場は、執筆メンバーの知的好奇心を大いに刺激した。その結果想像以上に活発な議論が展開され、そして相乗効果を生んだ。管理職層教育に携わる者、人事制度の構築、教育に携わる者、技術者教育に携わる者、そして学生教育に携わる者等々がそれぞれの立場から"考えること"や"上手な考え方"について意見を出し合い、まとめたのが本書である。

　したがって本書が想定する読者は、これから社会に出ようとする学生から、すでに社会で活躍している若手、中堅ビジネスパースン、思考が硬直化しているのではないかと不安を覚える年代の管理者層にいたるまで幅広い。

こうした読者の皆さんが、本書がきっかけとなり一人でも多く、"上手な考え方"を身につけ、社会で活躍されることを願ってやまない次第である。

　最後に、本書の刊行にあたりご尽力いただいたすべての方々にあらためて謝意を表し、厚く御礼申し上げたい。

　2007年11月

　　　　執筆者を代表して　(学)産業能率大学総合研究所　経営管理研究所　　大神賢一郎

もくじ

まえがき

序章　思考プロセスにおける7つのステップ ——— 1

1. 知的思考の必要性……… 3
   - （1）思考力が低下している現代人！　3
   - （2）深く考える、上手に考える　5
   - （3）思考力とは　6
   - （4）考える基礎体力を鍛える　9
2. 上手に考えるための考え方を学ぶ……… 11
   - （1）勝負師の思考法に学ぶ　11
   - （2）メタ認知　12
   - （3）思考プロセスにおける7つのステップ　14

   序章のまとめ　17

第1章　目的探索の思考 ―目的を明確にするには― ——— 19

はじめに

1. あなたは目的を考えて行動していますか……… 21
2. 目的探索の思考の必要性……… 24
3. 目的探索の思考の考え方……… 26
   - （1）目的を考えていない上に、妥当性も低い場合　28
   - （2）目的を考えていないが、妥当性は高い場合　30
   - （3）目的を考えてはいるが、妥当性が低い場合　33
4. 目的探索を正しく行う……… 35
   - （1）思考の幅とは　35
   - （2）思考の深さとは　37

   1章のまとめ　42

第2章　観察の思考—真実を観る視点とは— 43

はじめに
1. 観察の思考の必要性……… *46*
2. 観察の思考の考え方……… *47*
   (1)「観察」とは　*47*
3. 観察のしかた……… *48*
   (1) 自分で情報収集するときの観察のしかた　*48*
   (2) 他者を通して情報収集するときの観察のしかた　*55*
4. 正確な観察をジャマするもの……… *59*
   (1) 自分で情報収集するときにジャマするもの　*59*
   (2) 他者を通した情報収集をジャマするもの　*63*
   2章のまとめ　*69*

第3章　発想の思考—豊かな発想を得るためには— 71

はじめに
1. 発想の思考の必要性……… *74*
2. 発想の思考の考え方……… *74*
3. 価値あるアイデアを得るための2つのステップ……… *75*
4. 発想に対する苦手意識の克服……… *78*
5. 数多くのアイデアを得るための下地づくり……… *82*
   (1) 認識のブロック　*84*
   (2) 文化のブロック　*86*
   (3) 感情のブロック　*87*
6. 発想技法の必要性……… *89*
7. 発想技法……… *90*
   (1) 連想法　*90*
   (2) 類比法　*99*
   3章のまとめ　*104*

第4章　分類の思考—物事を分けて考えるには— ——————105

　　はじめに
　　1．分類の思考の必要性………　**108**
　　2．分類の思考の考え方………　**110**
　　　　(1) 分類とは　　**110**
　　　　(2) 分類の思考の考え方　　**111**
　　　　(3) ビジネスにおける分類　　**114**
　　3．正しく分類するためには（分類の方法）………　**116**
　　　　(1) 目的にあった分類基準　　**118**
　　　　(2) 抽象水準の統一　　**120**
　　　　(3) モレなくダブリなく分ける　　**123**
　　4．わからないときには分ける………　**125**
　　　　4章のまとめ　　**126**

第5章　構造化の思考—物事を整理するには— ——————127

　　はじめに
　　1．構造化の思考の必要性………　**130**
　　2．構造化の思考の考え方………　**131**
　　　　(1) 構造化とは　　**131**
　　　　(2) 構造化の思考の考え方　　**132**
　　　　(3) ビジネスにおける構造化　　**133**
　　3．構造化の方法………　**135**
　　　　(1) ツリー構造　　**136**
　　　　(2) マトリックス構造　　**139**
　　　　(3) プロセス構造　　**145**
　　　　(4) その他の構造　　**149**
　　4．分類と構造化の関係………　**151**
　　　　5章のまとめ　　**154**

第6章　意思決定の思考—後悔しない決断のためには— —157

はじめに
1. 意思決定技法の限界……… **160**
2. 意思決定の思考の考え方……… **161**
   （1）意思決定とは　**161**
   （2）意思決定のメカニズム　**163**
3. とっさの意思決定……… **164**
   （1）意思決定の先送りをしないこと　**168**
   （2）反復訓練により長期記憶にとどめる　**169**
   （3）明確な判断基準を持つ　**171**
   （4）とっさの意思決定のエクササイズ　**173**
4. じっくり考える意思決定……… **174**
   （1）問題の定義　**174**
   （2）代替案の立案　**175**
   （3）評価基準の決定　**177**
   （4）代替案の評価・選定　**181**
5. 意思決定技法……… **189**
   6章のまとめ　**191**

第7章　表現の思考—まとめた考えを伝えるには— —193

はじめに
1. 表現の思考の考え方……… **195**
   （1）表現とは　**195**
2. 思考と表現手段……… **197**
   （1）言葉で思考する　**198**
   （2）数値で思考する　**203**
   （3）図解で思考する　**210**
   7章のまとめ　**215**

索引……… **216**

序章

思考プロセスにおける7つのステップ

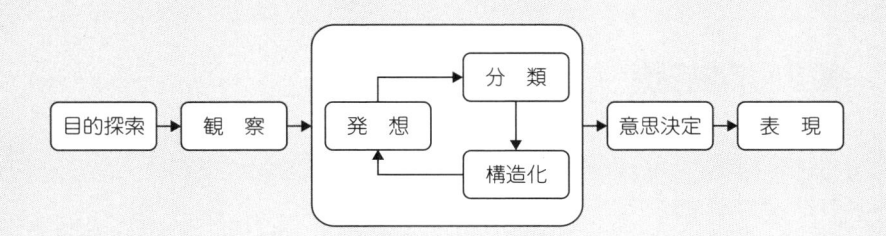

目的探索 → 観察 → 発想 → 分類 → 構造化 → 意思決定 → 表現

> 私たちは自分の考え方が最高だと確信したとき以外は、自分の考えを振り返ろうとはしない。むしろそれ以外のときにこそ振り返るべきなのに……。

〔例題〕
　皆さんは、下の絵を見て何を感じるだろうか。

序章で学ぶこと

　本章のテーマは、「考えることを考える」である。人によって上手に考えることができる人とそうでない人がいる。世俗的な言い方をすれば、頭がいい人とそうでない人である。その違いは一体何なのか。
　本章ではこうした頭の良い悪い、すなわち思考力にスポットを当て、まず思考力とは何なのか、そしてその良し悪しの差の原因とは何なのかを検討していく。

1．知的思考の必要性

（1）思考力が低下している現代人！

　現代人の思考力は、明らかに低下していると筆者は考えている。そしてそのことに、大いに危機感を感じている。

　前頁の絵は、何を意味しているのであろうか。私たちは無数の商品、そしてそれらに関する膨大な情報に囲まれ、どれを選択すべきか、何を買うべきなのか、あまりにも多くの情報によって自分でその判断ができなくなってしまった。そして消費者が行き着いた先が、他の人がどのような選択をしたのか、という情報に基づくモノマネだったのである。つまり、現代人が自分で決断することを放棄した結果が、こうした光景なのである。

　IT技術の進歩に伴い、私たちの生活は飛躍的に便利になった。しかしその一方で、考えるということをしなくなってしまった。日頃の生活の中で、「ああでもない、こうでもない」と1つのことをさまざまな角度からじっくりと考えることがなくなってきていないだろうか。少しでも悩むことがあれば、ネットでキーワードを入力して検索すれば、たちどころに答えを表示してくれるのである。この他にも現代人が頭を使って考えなくなった、すなわち思考力が低下した例を挙げれば枚挙に暇がない。電卓に頼って暗算ができなくなったことに始まり、ワープロ＝漢字が書けなくなった、カーナビ＝地図が読めなくなった、携帯電話＝電話番号を覚えられなくなった等々である。

　これらはなにも筆者自身に限ったことではなく、多くの方が同じような体験をしているはずである。だからこそ"現代人は思考力が低下している！"と声を大にして主張したいのである。

　いや、便利になって余った時間でより高度なことに頭を使っているから心配などいらないのだ、と考える人たちもいるかもしれない。インターネットの爆発的な普及、そしてIT化の進展などを背景として、私たちの周りには

一昔前とは比べようもないほどの量の情報が氾濫している。その意味では私たちの知識量は大幅に増大した。しかしその一方で、社会・経済はますます高度化・複雑化し、私たちの意思決定をより難しいものにしつつある。そうした状況の下、私たちには的確に情報を取捨選択し、迅速に意思決定などをする能力が、今まで以上に求められるようになってきている。

　ところが私たちは、パソコンの使い方やインターネットの接続のしかたは学習しても、そこから得られた情報をどのように解釈したり、またどのように活用したらよいのかなどについては、体系的に学習する機会はほとんどないのが現状である。

　キーワードを入力し、検索の結果得られた膨大な情報の中に身を置いていれば、独創的なアイデアが自ずと得られるのであろうか。答えは簡単である。ノーだ。情報はあくまでも情報でしかない。情報をベースに思考し、そこに独自の知見を加えることで、情報は価値を持つ。ところが現代人は膨大な情報が得られても、それを思考する力がない。

　昔の人々はわずかな情報しかなかったが、その分わずかな情報を使って徹底的に考えた。だから昔の人は思考力があった。現代人は簡単に情報にアクセスでき、さらに表計算やDBソフトを使うことで思考を支援するツールを得た。しかしその分、思考する力は衰えてしまった。

　仮に現代人からスーパーコンピュータや電波望遠鏡、電子顕微鏡などの近代的なツールを奪ってしまったら、果たしてガリレオのように地球が回っていることを考えついただろうか、あるいはインド人のように"ゼロ"を見つけたような偉大な発見ができたであろうか。先人の思考力には、ただただ脱帽するばかりである。

　ビジネスパースンを取り巻く環境は、ますます複雑化し、高度化している。これまででは考えられなかったような複雑な問題に迅速に答えを出すことを求められているのである。このような時代だからこそ私たちは、思考する力を鍛えることが必要なのである。

（2）深く考える、上手に考える

　現代に生きる私たちはさまざまな情報機器に囲まれ、人間本来の思考力を退化させつつあるといっても過言ではない。前述のように、例えばワープロソフトが普及することによって、私たちは漢字が書けなくなってしまった。皆さんにも経験はないだろうか。読めるのに書けなくなった漢字がいかに多いことか!!　あるいはカーナビゲーションが発達することで、地図を読めなくなった人も多い。以前は地図をくるくる回しながら、必死になって自分と周囲との位置関係を把握しようとしていた。これが人間の空間認識力を鍛えていたのである。ところがカーナビが普及することにより、地図が勝手にくるくる回ってくれる。便利な反面、空間を認識しようとする思考力が、ますます衰えていくことになった。

　こうして私たちは利便性を享受する代償として、思考力の退化を選択した。このように退化しつつある思考力をいかに蘇らせることができるのか、というのが本書の出発点である。

　それでは、現代人の思考力に欠けているものは何か。ひとつは"深く考える"ことである。私たちは物事を深く、じっくり考えることが少なくなった。深く考えるというのは、ただ長い時間考えればよいというものではない。時間の長短が問題なのではなく、より本質に迫る思考ができるか否かが重要なのだ。時間をかけて考えている人に多いのが、表層的なところで行ったり来たりを繰り返して、なかなか深い本質的なところに行き着かないパターンである。堂々巡りの思考である。"深く考える"というのも、実はそれほど簡単なことではない。

　私たちの思考力において欠けているもうひとつが、"上手に考える"ということである。深く考えたり、試行錯誤しなくなった私たちは、考える方法すなわち思考作法を知らないのだ。はっきり言って"考えることが下手"なのである。同じ"考えること"にしても、考え方というものがある。ただ闇

雲に思考を巡らしていたのでは、表面的なところでの堂々巡りに陥りやすく、効率も悪い。上手に考えるためには、思考の作法が必要なのである。現代人はこうした思考作法を知らないか、もしくは知っていてもその使い方が間違っているのである。

現代に生きる私たちこそ、深く考えたり、上手に考えたりするための"思考する技術"を学び、身につけることが求められているのである。

(3) 思考力とは

ここまで明確な定義づけもせず、思考力とか思考作法などの言葉使ってきたが、そもそも思考力とは何なのか、ということから考えてみたい。

筆者がコンサルティングや研修を通じて接する機会のあるビジネスパーソンたちは、年間に千人以上に達する。これまでに1万人以上のビジネスパーソンを観察してきた計算になる。このような数多くの人たちと接していると、「この人は頭がいい」とか「この人はあまり頭がよくないな」といった印象を持つことがある。はたしてそのように感じる要因は、いったいどこにあるのだろうか。

そういう視点で出会う人々を観察してみた。その結果、ひとつには頭の回転の速さとか集中力といった、いわば頭の基礎体力のようなものがあるのではないか、という考えに行き着いた。打てば響くようなスピーディーな反応であったり、テキパキと仕事をこなしていく姿、そして誰もが投げ出してしまいたくなるような困難な状況も解決していく様子などを見るにつけ、つくづく思考力にも基礎体力が必要なのだと痛感した。

そして行き着いた2つ目の要因というのが、頭を使うためのコツとかセンスといった、いわば頭の運動神経というものである。独創的なアイデアを出したり、複雑な事柄を論理的に分析するといったことは、マネをしようと思っても簡単にマネできるようなものではなく、ある程度のセンスが求められる。

大切なのは、これらのどちらが不足していても、「頭がいい」とは感じら

れないということである。例えば、次から次へと意見を主張したり、アイデアを出してくるタイプの人がいる。しかし話の中身は表面的なことであったり陳腐な一般論であったり、物事の本質に迫るような思考の深さは感じられないことが多い。たしかに頭の回転は速いのかもしれないが、センスがないのである。逆にじっくり考えて、いいことを言う人がいる。しかし次が続かない。次に発言したときにはすでに話題が移っていたりする。センスはよいのだが、マイペースなのである。こういうタイプは学者・研究者としてはよいのだろうが、変化の激しいビジネスの世界では厳しいものがある。

いろいろと試行錯誤はあったものの、ビジネスパーソンの頭の良し悪しを判断する材料としては大きく2つの要素があり、それらがあたかも車の両輪のように相互依存的な関係として捉えることができる、ということがわかってきた。それらの関係は、以下のように整理することができる。

思考力＝考える基礎体力×考える運動神経

◆考える基礎体力＝俗にいう頭の回転が速いとか集中力があるといった思考のベースとなる力。

◆考える運動神経＝考える際の視点や枠組みなどの知識とそれらを当てはめる応用力。

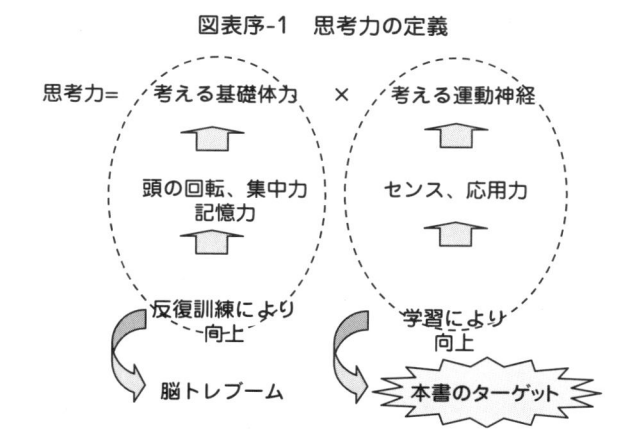

図表序-1　思考力の定義

思考力＝考える基礎体力 × 考える運動神経

考える基礎体力 ⇑ 頭の回転、集中力 記憶力 ⇒ 反復訓練により向上 ⇒ 脳トレブーム

考える運動神経 ⇑ センス、応用力 ⇒ 学習により向上 ⇒ **本書のターゲット**

上の定義を踏まえつつ、改めて「思考する」というのはどういうことなのかを考えてみたい。

　周囲の人を見回してみてほしい。例えば複雑な事柄でも見事に整理し、論理的に物事を捉えることができる人もいれば、独創的なアイデアを次から次へと生み出していく人もいる。

　一般に前者の思考様式を「論理的思考」と呼び、後者のそれを「創造的思考」と呼ぶ。こうした思考様式はそれが不得意な人からすれば、とてもマネできたものではない、と考えてしまう。例えば、何万行、何十万行にもおよぶ膨大なプログラムを作り上げるSEやプログラマーの仕事は、筆者にはとても人間の仕業とは思えない。

　ところがそうした超人的な思考様式も丹念にその思考プロセスを分析していくと、実はいくつかの思考のためのフレームの組み合わせであったりする。つまり一見とてもマネできそうにない思考様式もちょっとしたコツやポイントを押さえてしまえば、完全とはいえないまでも十分真似することは可能なのである。

　例えば論理的思考とは、マトリックス構造とかデシジョンツリーといった考えるためのフレームが存在し、それらについての知識があることが前提となる。さらに、それらを使いこなせなければならない。次に複雑な事象をそうしたフレームに当てはめてみて、それらの応用が可能かどうかを検証する。このときに、いくつものフレームを複雑で多数の事象に次々と当てはめ、その応用の可否を判断していく頭の回転の速さと、そうした頭脳労働を繰り返し持続する集中力とが求められる。

　つまり論理的思考力とは、論理的思考のためのフレームを少しばかり知っていることと、それを応用して考えようとするわずかばかりの根気さえあれば、十分に身につけることが可能なのである。

　また創造的思考も同様である。斬新なアイデアを次々と生み出す人を見ていると、根本的に頭の構造が違うのではないかと思えてくる。もちろん天才

的な人もいる。しかし、私たちがそうした天才的な人に対してまったく歯が立たないのかというと、実はそうでもないのである。これもちょっとした思考のコツやポイントを押さえておくことで、かなり近いレベルまで到達することはできる。つまり独創的なアイデアを生み出す創造的思考も、学習によって十分身につけることができるのである。

（4）考える基礎体力を鍛える

　考える基礎体力には、瞬発力＝頭の回転や持久力＝集中力などがある。これらの力は実際の基礎体力もそうだが、繰り返しの訓練によって向上させることができる。こうした「考える基礎体力」系は、昨今ブームとなった"脳を鍛える"的な書籍やゲームソフトなどを見ればわかるとおり、いずれもが繰り返しの反復トレーニングを前提としている。百マス計算などはその典型ともいえるだろう。実際に思考における基礎体力としての回転の速さとか集中力などは、そうした反復トレーニングによって向上する。

　こうしたトレーニング的な内容はやはり書籍には適しておらず、むしろゲームソフトや問題集的なツールが適している。したがって「考える基礎体力」についてはそちらに譲ることにして、本書では主に後述の「考える運動神経」にスポットを当てることにしたい。

　しかしそうはいっても、「考える基礎体力」は思考力の重要な構成要素であり、思考力向上つまり「頭をよくする」には不可欠な要素でもあるので、ここでは「考える基礎体力を鍛える」ということがどういうことかを知っておいてもらうために、頭の回転を速くするトレーニングを行ってみることにしよう。

　百マス計算である。縦の数字と横の数字を足してそれぞれ交差するマスに答えを記入していく。最終的に100個すべてのマスを埋めるまでの時間を計り、記入する。

図表序-2　百マス計算

+	4	3	7	1	6	8	0	5	9	2
8										
7										
9										
0										
3										
1										
5										
4										
6										
2									分	秒

　図表序-2の百マス計算表を何度も使う必要はないので、自分なりに数字を入れ替えたものを作って、何度も繰り返し挑戦してみてほしい。繰り返すほどに確実に時間は短縮されて、頭の回転が速くなっていく自分を実感できるはずである。

図表序-3　思考力アップ

2. 上手に考えるための考え方を学ぶ

（1）勝負師の思考法に学ぶ

　本書のメインテーマでもある"考える運動神経"を鍛えるには、どうすればよいのだろうか。実際に世の中で活躍している人、成功を収めた人の思考パターンから学んでみることにしよう。

　例えば、勝負師と呼ばれる人たちである。勝負の世界は結果がすべてである。どれほど努力しようが、負けは負けなのだ。だから勝負の世界に生きる人たちは、結果を残すために全精力を傾ける。スポーツ選手であれば、身体を鍛えるだけではなく、徹底的に考え抜く。どうすれば相手に勝つことができるのか、どうすれば自分本来の力を発揮できるのか、等々考えなければならないことはいくらでもある。一流と呼ばれる選手たちは、例外なく"考えることが好き"である。そして"考えることが上手"である。

　イチローといえば日本を代表する、いや世界を代表する野球選手である。そのイチローがスランプに陥ったときのことについて、インタビューに対し、次のように答えていたそうである。

　「客観的に自分を見なければいけない、という結論に達したんですね。自分はいま、ここにいる。でも自分の斜め上にはもう一人自分がいて、その目で自分がしっかりと地に足が着いているかどうか、ちゃんと見ていなければいけない、そう思ったんです。」（『イチロー思考』児玉光雄著／東邦出版より引用）。

　松岡修造は、日本人で最初にATP（プロテニス選手協会）ツアーで優勝したテニスプレーヤーである。その松岡修造が著書の中で、次のように述べている。

　「プレッシャーに負けず良いプレーをしていたときというのは、やはり自分のことを第三者の目で見ることができていたような気がします。そういう

ときは、自分の心理状態がよく見える。例えば思い切ったショットを打つのを怖がっているときは、『自分は今怖がっているな』と『もう一人の自分』が冷静に見ているのです。」（『テニスの王子様勝利学』松岡修造著／集英社インターナショナルより引用）。

　この2人に共通している点は、両者とも自分を客観視していることである。しかも単に自分の外的な側面つまりプレーとか動作ではなく、内的な側面つまり自分が何を考えているのか、どのように感じているのかを客観視しようとしていることがポイントである。

(2) メタ認知

　認知心理学では、自分が感じたり考えたりするという"認知"活動を客観的に認知する（つまり考える）ことを「メタ認知」と呼ぶ。正確にいえば、思考を含む認知活動をしている自分を客観的に観察し、どのような枠組みを使って物事を捉えようとしているのかを認知し、同時にそれらがうまくいくように制御する働きがメタ認知である。先述のイチローや松岡修造の例からもわかるように、すぐれたメタ認知能力が優れた思考活動の結果をもたらしうることが、さまざまな研究から実証されている。つまり「考えることを考える」ことは、考えることによい影響を及ぼすということである。もう少しわかりやすくいうと、「考えている自分を客観的に考えられる人」こそが「頭のよい人」であり、「結果を残せる人」でもあるのだ。

　メタ認知とは、大きくメタ認知的知識とメタ認知制御という2つのプロセスに分けて考えることができる。メタ認知的知識とは、思考活動に影響を及ぼす要因や思考方法についての知識であり、メタ認知制御とは、思考活動を立案し、モニタリング（監視）し、評価・制御するいわば思考のフィードバックシステムのようなものである。

　実はこのメタ認知の構造は、先に触れた思考力における「考える運動神経」そのものなのである。「考える運動神経」には、考えるためのツール・

テクニックのほかに、それらを応用・展開するセンスやノウハウの2つの要素がある。これらがそれぞれメタ認知的知識とメタ認知制御にあたる。

図表序-4　メタ認知とは

監視
「この考え方は、おかしいぞ！間違っているかもしれない。」

考えている自分

考えている自分を監視している自分

「表に整理して、このように考え直してみよう！」
知識、制御

図表序-5　考える運動神経とメタ認知

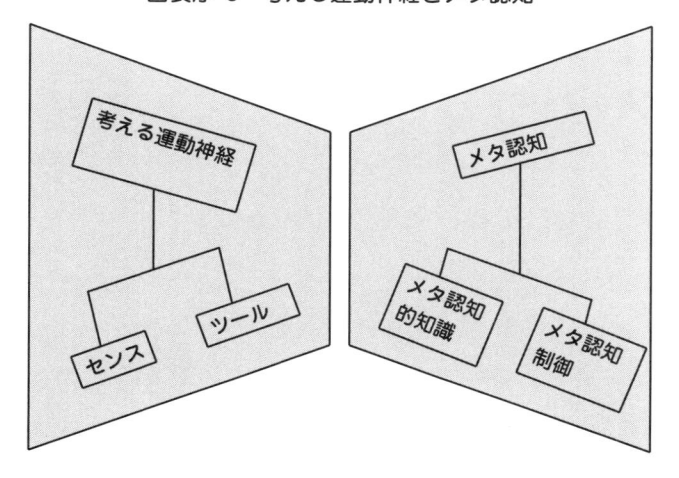

考える運動神経 — センス、ツール

メタ認知 — メタ認知的知識、メタ認知制御

説明だけでわかったようなわからないようなメタ認知であるが、より理解

できるように、これを実際に体験してみることにしよう。

〔演習課題〕
［第1ステップ］
　①人間にとって、仕事（働くこと）とはどういう意味を持つのだろうか。
　②人間にとって、愛とはどういう意味を持つのだろうか。
　①でも②でも構わない、「仕事（愛）とは○○である。」という簡潔な文章に自分の考えをまとめてもらいたい。
［第2ステップ］
　前のステップでは、「人間にとって仕事とは何か」「愛とは何か」について考えてきた。ここで大切なのは、「何を考えたのか」ではなく、「どのように考えたのか」である。つまり自分がその答え（仕事とは○○である）を出したプロセスを思い出してほしい。どのような順番で、「何を考えたのか」それらを整理してみることにしよう。

　自分が考えたプロセスを正確に思い出すことができただろうか。最初のうちは戸惑うことも多いかもしれないが、このようにして自分が考えたことを客観的に見直していく「メタ認知」という行為は、思考力を高める上で不可欠の要素であり、日頃からぜひ習慣として身につけてもらいたい事柄である。

（3）思考プロセスにおける7つのステップ

　メタ認知の行為が思考力を高める上で重要であることは理解できたと思うが、それではメタ認知を上手に行うためには、どうすればよいのだろうか。
　それこそが本書のテーマであるが、メタ認知を上手に行う、すなわち、「考えることを上手に考える」ためには、まず、私たちが普段どのような思考プロセスで考えているかを知ることが必要である。そして思考プロセスにおけるステップごとに上手にメタ認知するためのポイントを学習すればよい。

私たちは何かを考えるときに、どのようなプロセスで考えるのであろうか。前述の演習課題で、自分の思考プロセスを振り返ってもらいたい。

　まず私たちは、自分の経験や記憶を頼りにさまざまな事例を考えた。例えば、仕事とは生活の糧を得るため……とか、愛とは無償のもの……といったことである。これらはその場で思いついたのではなく、まさしく過去の経験や、すでに持っている知識から導き出したものである。さらに、もしかしたら身近な人に何か質問しているかもしれない、あるいは何かヒントをつかもうと本やネットで調べようとしたかもしれない。そのようにして既存の知識以外の新たな情報（事例）を得るのである。つまり私たちは何かを考えるとき、それが自分の内部（記憶や知識）にあるか外部（他人、本、ネット等々）にあるかにかかわらず、まず事例の情報収集から始める。つまり何か思考の対象が定まったとき、私たちはその対象をいろいろな角度から検討し、対象に関する情報、知識を蓄積していくのである。これを「観察の思考」と呼ぶ。

　そうした事例がいくつか出揃うと、私たちは次にそれらを似たもの同士でグループ化する。例えば愛の事例を、人類愛、男女愛、家族愛といったように分類をする。これが「分類の思考」である。

　次にそうした分類同士の関係を整理し始める。例えば上記の愛の事例では、人類愛、男女愛、家族愛という順番ではなく、愛の対象の幅の順に、男女愛、家族愛、人類愛というように並べて表記するといった具合である。私たちは無意識のうちに何らかの秩序を求め、分類がバラバラの状態よりも何らかの関係が明確な状態を好むものである。これが「構造化の思考」である。

　ある程度の構造化が進むと、構造の中の空白部分が見えてくる。アイデアとはこういうところに生まれる。アイデアとはゼロの状態で突然ひらめくものではなく、既存知識の組み合わせによって生まれるといわれる所以である。これが「発想の思考」である。

　こうして観察、分類、構造化、発想などを繰り返しながら、私たちは思考

を重ね、何らかの知見をいくつか得る。こうして得られたいくつもの知見の中から、さまざまな価値基準、尺度に照らし合わせ、優先順位づけを行う。これが「意思決定の思考」である。

　通常は以上の5つの思考ステップで考える。しかし上手にしかも深く思考するためには、この5つのステップだけではなく、その前後に「目的探索の思考」と「表現の思考」が必要である。詳細な理由は後述するが、私たちは何気なく無意識のうちにいろいろなことを考えているが、なぜ考えるのであるかを明確にしてから考えたり、それをどのように表現するかを考えたりすることは、より良い思考のためには決して無駄なことではないからである。

　これまで述べてきた7つの思考ステップを整理すると、下図のようになる。本書は、この7つの思考ステップにしたがって構成されている。7つの思考ステップをしっかり覚えておくとともに、いま自分がどこのステップを読んでいるのかを常に意識しておいていただきたい。

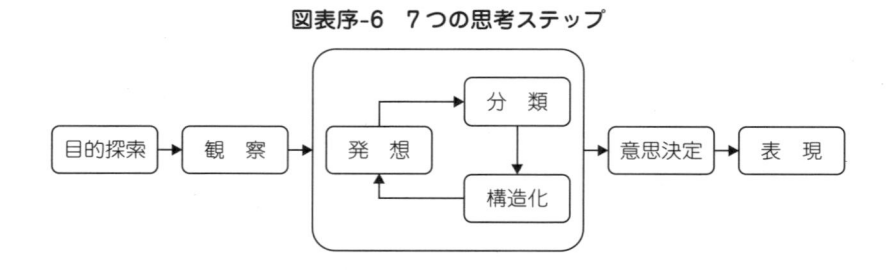

図表序-6　7つの思考ステップ

目的探索 → 観察 → [発想 → 分類 → 構造化] → 意思決定 → 表現

序章のまとめ

・メタ認知、すなわち「考えることを考えること」が思考力向上のポイントである。
・メタ認知を上手に行うために、思考プロセスの7つのステップを理解する。

【参考文献】

『アイディアを10倍生む考える力』斎藤孝著／大和書房
『現代人のための脳鍛錬』川島隆太著／文春新書
『「考える」を考える』北原辰義著／碧天舎
『ホンモノの思考力』樋口裕一著／集英社新書
『おもしろ思考のラボラトリー』森敏昭編著／北大路書房
『認知心理学4』市川伸一編／東京大学出版会
『日本人の思考作法』大野狥郎著／日科技連出版社
『頭がよくなる思考術』白取春彦著／ディスカバー21
『思考スタイル』R.J.スターンバーグ著／新曜社
『テニスの王子様勝利学』松岡修造著／集英社インターナショナル
『イチロー思考』児玉光雄著／東邦出版
『先を読む頭脳』羽生善治・伊藤毅志・松原仁著／新潮社

第1章

目的探索の思考
―目的を明確にするには―

7つの思考プロセス

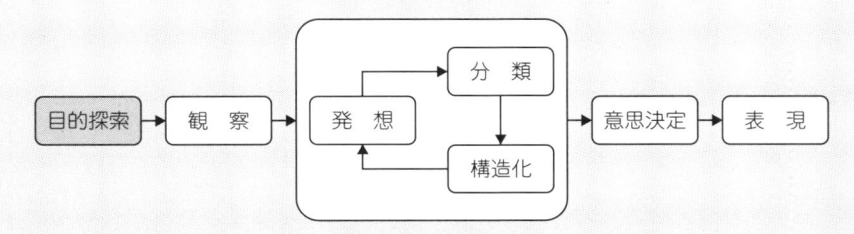

目的探索 → 観察 → 発想 → 分類 / 構造化 → 意思決定 → 表現

> 私たちは目的をスキップし、短絡的に結論を急ごうとする！

〔例題〕

　皆さんは、下の事例をどのように考えるだろうか。

ファーストフードの店員

店内でお召し上がりですか〜

20セット下さい！

1章で学ぶこと

　本章のテーマは、思考の目的を明確にすることの重要性を理解し、その実践方法を学ぶことである。そのために、まずは、私たちは如何に日々目的を考えることなく行動しているかを、各種の事例を通じて気づいてもらいたい。そして、そのあとに妥当な目的を導き出すための「思考の幅と深さを追求する方法」を学ぶことにしたい。

第1章 目的探索の思考―目的を明確にするには―

はじめに

　前頁の事例では、ファーストフードの接客マニュアルに、「お客様には『店内でお召し上がりですか』と聞く」と書かれていることは想像できる。しかしながら、ハンバーガーのセットを20人分もひとりで食べる人はそう多くない。にもかかわらずマニュアルに書かれていたという理由で、「店内でお召し上がりですか」と聞くのは適切とは言い難い。

　目的を考えることなく行動していては、目の前の状況に変化が生じた際に適切に対応することができない。いついかなるときでも適切に対応するためには、常日頃からその目的を考えておくことが欠かせない。

1．あなたは目的を考えて行動していますか

　ビジネスに限ったことではないが、私たちは目的を考えることなく行動していることが多い。そのため、行動の結果が本来の目的を達成しなかったり、達成しても遠回りをしていたり、場合によっては達成していてもそのことに気づくことさえないかもしれない。例えば、次の事例で考えてみよう。

　「あなたは、ここ数日仕事に忙殺されて疲れきっていた。そこで朝の通勤電車で座るために、いつもの電車を1本見送り次の電車を待つことで、なんとか自分の座席を確保した。これでオフィスのある駅まで眠ることができると思った矢先、次の駅で杖をもった老人が自分の前のつり革につかまった。はじめは寝たふりをしていたが、電車が揺れる度に老人がよろめくことが気になり、ついに『どうぞお座り下さい』と座席を譲った。ところが、その老人はお礼もいわずに、さも当たり前といわんばかりの顔で座席についた」。

図表1-1　老人に座席を譲る目的は？

　この事例であなたは、何を考えるだろうか。「お礼をいわれないなら、座席を譲らなければよかった」と考えはしなかっただろうか。

　ここで改めて、座席を譲った目的を考えてみよう。あなたは朝の混雑した通勤電車で老人が立ちっぱなしでは危ないし、そもそも老人をいたわりたくて座席を譲ることにしたのではないだろうか。もしそうであれば、老人が座席についた時点で目的は達成している。座席を譲ったことでお礼をいわれるか否かは副次的なことでしかないのだ。それなのに、いつの間にかお礼をいわれないのなら座席を譲らなければよかったと考えてしまう。別にお礼をいってもらうことが目的ではなかったはずなのに……。まさに目的を達成しているにもかかわらず、それに気がついていないといえるだろう。

　次にビジネスの事例でも考えてみよう。

　営業部門における管理者の多くは、部下（＝営業担当者）に営業日報の作成を義務付けていることだろう。営業日報の作成は以前からどこの会社でも行われていることでもあり、部下に作成させること自体に特に疑問を感じることはない。

　ところが、筆者がかつて訪問したことがある企業の実例には、疑問を感じ

ざるを得ない。その企業は全国に営業拠点を構えるサービス業で、ここ数年の市場拡大にあわせて急成長を遂げていた。このような企業では市場拡大のペースに社内の人材育成が追いつかないことがよくあるが、実際この企業も同様であった。従来は管理者適性を判断して支社長を任命していたが、ここ数年は抜擢人事の名の下に経験の浅い、若い人材を起用せざるを得ない状況が続いていた。その上、起用後も適切な教育を実施する余裕がなかったため、抜擢された若い支社長はただ試行錯誤するのみだった。

　このような支社長を観察していると、彼ら彼女らが採るマネジメント・スタイルの多くは、「どのようにして自分がやってきたとおりのことを部下にやらせるか」であることがわかった。実際、支社長は「私が指示した顧客数を訪問してきたのか」「俺が指示したとおりに提案してきたのか」と、こと細かく部下に対して質問を浴びせていた。まさに、自分の数少ない経験の中にある成功要因をそのまま部下に再現させようとしていたのである。

　このような支社長が行き着く先は、わかりきっている。詳細な営業日報の作成だ。部下が顧客を何軒訪問し、どのような商談を行ってきたのかを細かく記載させ、毎日提出させるのである。支社長自身も大変だが、部下も大変である。毎日毎日指示された軒数を訪問した上で詳細な営業日報も作成し、その上、支社長との面談もある。結局、疲れ果てた部下はどこかで手を抜くようになり、結果として業績は低空飛行が続いてしまう。場合によっては他社への転職を選択する社員すら出てきてしまった。

　以上、2つの事例を考えてきたが、ここで改めて自分自身を振り返ってほしい。果たして、あなたは日々目的を考えて行動しているのだろうか。案外、目的を考えることなく行動していることが多いのではなかろうか。

〔演習課題〕
　「あなたがサービス業の支社長だとしたら、何を目的に部下の営業活動を管理するだろうか。」

図表1-2　上位の目的を考えていないと達成手段にギャップが生じる

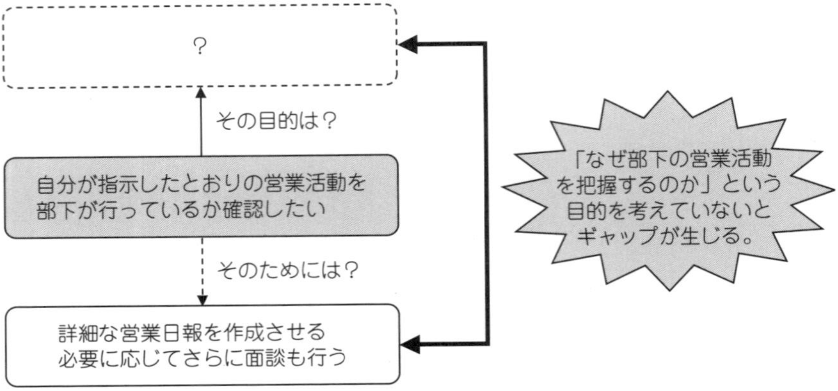

```
        ┌─────────────────────┐
        │         ?           │
        └─────────────────────┘
                 ↑
            その目的は？
        ┌─────────────────────┐              ╱╲╱╲╱╲╱╲╱╲
        │ 自分が指示したとおりの営業活動を │         ╱「なぜ部下の営業活動╲
        │ 部下が行っているか確認したい    │        ╱ を把握するのか」という ╲
        └─────────────────────┘        ╲  目的を考えていないと  ╱
                 ↓                       ╲ ギャップが生じる。  ╱
            そのためには？                    ╲╱╲╱╲╱╲╱╲╱
        ┌─────────────────────┐
        │ 詳細な営業日報を作成させる      │
        │ 必要に応じてさらに面談も行う    │
        └─────────────────────┘
```

2. 目的探索の思考の必要性

　私たちは日々自分の担当職務を遂行するにあたって、その目的を問い直すことはほとんどないといえるだろう。なぜなら、担当職務は日次や月次など一定のサイクルで繰り返すものがほとんどであるため、目的を考えることがつい疎かになってしまうからである。

　目的を考えることなく日々の職務を遂行していても、組織を取り巻く環境に変化がなければ問題が生じる可能性は小さい。しかしながら、現在は民間企業だけではなく、国や地方自治体に至るすべての組織を取り巻く環境は変化し続けている。その上、その変化は非連続的なものである。つまり、環境の変化は一本調子の"直線的な変化"でもなければ、過去の出来事が一定のサイクルで繰り返す"循環的な変化"でもない。いわば、"過去の出来事と現在の状態との間の時間的なつながりを持たない変化"（＝非連続的な変化）であるといえる。例えば、音楽業界を事例に考えてみよう。

　かつて音楽業界では、契約しているミュージシャンが制作した楽曲をもとにコンパクトディスク（＝CD）を製造し、店舗を通じて販売していた。こ

第1章 目的探索の思考―目的を明確にするには―

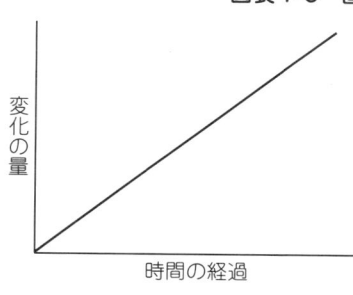

図表1-3　直線的な変化

縦軸：変化の量／横軸：時間の経過

【事例】
当社は主力商品を一昨年は10万個、昨年は15万個製造した。そして今年は20万個製造する予定である。

図表1-4　循環的な変化

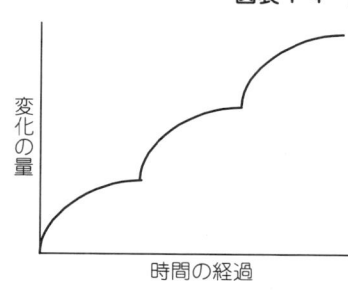

縦軸：変化の量／横軸：時間の経過

【事例】
当社は記録媒体を製造しているメーカーである。元来、CDを製造していた。その後、技術を応用してMDを、そして今度はDVDを製造するようになった。

図表1-5　非連続的な変化

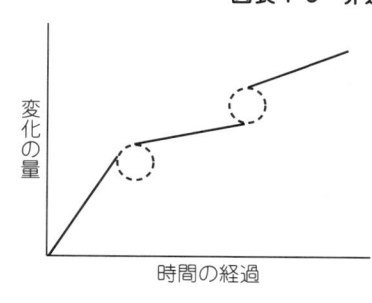

縦軸：変化の量／横軸：時間の経過

【事例】
元来、アナログ技術を活用してカセットテープを製造していたが、デジタル技術の進展によりCDの製造を始めた。そしてiPodの登場によりCDなどの記録メディアを製造する必要がなくなってしまった。

のビジネスの形態は長らく続いてきたが、突如として変化するときがきた。米国アップル社が開発したiPodの登場である。iPodが引き金になって音楽業界は大きく変化した。具体的には、それまでミュージシャンが楽曲を販売するためにはCDを製造したり、宣伝を行う必要があったため、それなりの

資本を持つレコード会社と契約する必要があった。しかし、現在は異なる。楽曲の販売や宣伝はインターネットを通じて行えるため、極端にいえば個人でも販売が可能なのだ。

また、楽曲がインターネットを通じて購入できるようになると、CDという"モノ"が必要なくなる。モノが必要なくなれば、それを製造する工場はもちろん販売する店舗も必要ない。この影響を受けて、1960年創業の米国の名門タワーレコード社が2004年に破産を申請したのは記憶に新しい。

このように音楽業界はiPodの登場によって、以前の環境とは大きく変化したといえる。まさに、過去からの延長線上では想定し得なかった変化、つまり時間的なつながりを持たない変化（＝非連続的な変化）が起こったといえる。

組織を取り巻く環境が非連続的に変化する時代では、単に与えられた職務を遂行する人材では不十分である。環境の変化に対応して職務を改善する（＝iPodの登場に対応する）のはもちろん、環境の変化を創り出す（＝iPodのような商品やサービスを創り出す）ような職務そのものを創造していかなければ、組織が生き残ることはできない。そのためには、一人ひとりの社員が組織を取り巻く環境とそこから導き出される職務の目的を問い続けることが必要不可欠だ。従来のように目的を考えていない状態では、生き残ることさえ厳しい時代であることを肝に銘じる必要がある。

3. 目的探索の思考の考え方

いくつかの事例で考えてきたことで、日常生活においてもビジネスにおいても、私たちは目的を考えることなしに行動していては危うい、ということがおわかりいただけたと思う。

次に目的を考える際に必要な思考について見ていくことにするが、その前に、本章のテーマである「目的探索」という言葉を定義しておこう。

第1章　目的探索の思考―目的を明確にするには―

　まず「目的」という言葉を辞書で確認すると、次の意味があることがわかる。

◆もくてき【目的】
①成し遂げようと目指す事柄。行為の目指すところ。意図している事柄。
②意志によってその実現が欲求され、行為の目標として行為を規定し、方向づけるもの。（出典：新村出編『広辞苑』〔第五版〕岩波書店）

　この辞書の意味を用いて、ここでは「目的探索」という言葉を次のように定義する。

◆本書における「目的探索」の定義
　「何かを始めるときに成し遂げようと本来目指すべき事柄を考えること」。
　ここで注意したいのは、私たちが目的を考えるときにその答えは1つとは限らないことである。例えば、フィットネスクラブに入会するという行動を複数の人間がとったからといって、その目的が同じとは限らない。目的がダイエットの人、筋肉増強の人、コミュニティー作りの人など、さまざまであろう。つまり、目的とは必ずしも1つではなく、複数の人間がいればその目的もそれぞれだし、同じ人間であっても複数の目的を有しているかもしれない。よって、目的探索の目的はただ1つの正解を導き出すことではなく、「妥当な目的を導き出すこと」にしたい。このことを図にすると、図表1-6のとおりとなる。
　私たちは（1）～（3）に陥ることなく、常に「目的を考え、なおかつその目的の妥当性が高い」状態を目指したいものである。
　それでは、（1）～（3）に陥ることがないようにするために、私たちは何を為すべきなのであろうか。ひとつずつ見ていくことにしよう。

図表1-6 目的探索思考ができている状態

		目	的
		考えている	考えていない
妥当性	低い	(3)	(1)
妥当性	高い	目的探索の思考ができている状態	(2)

（1）目的を考えていない上に、妥当性も低い場合

　この象限に入る代表的な事例は、「目的と手段の混同」がある。事例で考えてみることにしよう。

　「A氏は、仕事でたまったストレスを発散するために、フィットネスクラブに入会した。当初の目的はストレス発散であったが、フィットネスクラブに週2日通っているうちに、『週2日フィットネスクラブに通うこと』自体が目的になってきた。先日は体調が悪かったにもかかわらずフィットネスクラブで運動してしまい、さらに体調を悪化させたことがある。また、仕事の都合で週に1日しか通えないと『体を動かさないと気持ちが悪い』と余計なストレスがたまったり、週2日を守ろうとするあまり、やるべき仕事を先延ばしにするなど、仕事に悪影響が出るようになった」。

　手段である行動（フィットネスクラブに通う）が反復同一化すると、その都度目的を考える必要がないため、いつの間にか目的（ストレス発散）が頭から抜け落ちてしまうことが多い。結果として手段を目的と取り違えてしまい、手段の自己目的化が起こるのだ。手段が自己目的化しても、それが本来

の目的を実現している限り問題が発生することはない。ところが、ひとたび状況に変化が生じると（体調が悪い、仕事が忙しい）、本来の目的に立ち戻らなければ間違った解決策を講じてしまうので注意が必要である。

図表1-7　自己目的化

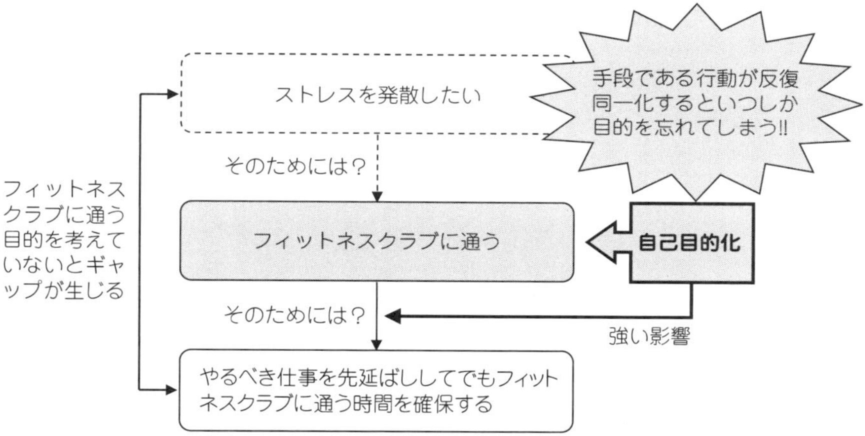

```
                    ストレスを発散したい           手段である行動が反復
                   ┆                              同一化するといつしか
フィットネス       そのためには？                  目的を忘れてしまう!!
クラブに通う       ↓
目的を考えて       ┌──────────────┐
いないとギャ       │フィットネスクラブに通う│ ← 自己目的化
ップが生じる       └──────────────┘
                   そのためには？           ↑
                   ↓                        強い影響
                   ┌──────────────┐
                   │やるべき仕事を先延ばししてでもフィット│
                   │ネスクラブに通う時間を確保する　　　│
                   └──────────────┘
```

このような事例は、日常生活に限らずビジネスにおいても起こり得ることである。私たちは本来の目的を見失うことなく「フィットネスクラブに通うこと以外にストレスを発散するには？」「週2日通えないなら週1日でストレスを発散するには？」「たまったストレスを発散するのではなく、そもそもストレスを受けないようにするには？」など、広い視野で考えたいものである。

　目先の行動そのものを目的として考えることで解決可能な問題が発見できなかったり、より優れた解決策を見落とすこともあるので注意が必要である。こうした「目的と手段の混同」による弊害を回避するためにも、「目的探索の思考」を疎かにすることはできないことを肝に銘じていただきたい。

図表1-8　幅広い視野で考える

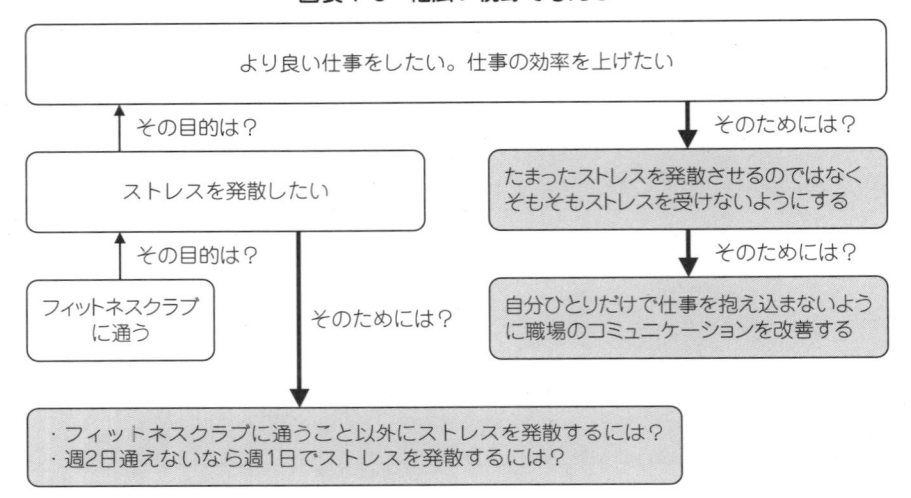

```
                    より良い仕事をしたい。仕事の効率を上げたい
         ↑その目的は？                              │そのためには？
         │                                        ↓
    ストレスを発散したい              たまったストレスを発散させるのではなく
         ↑                          そもそもストレスを受けないようにする
         │その目的は？                              │そのためには？
         │                                        ↓
   フィットネスクラブ    そのためには？      自分ひとりだけで仕事を抱え込まないよう
      に通う                ↓             に職場のコミュニケーションを改善する

    ・フィットネスクラブに通うこと以外にストレスを発散するには？
    ・週2日通えないなら週1日でストレスを発散するには？
```

（2）目的を考えていないが、妥当性は高い場合

　この象限に入る代表的な事例は、「習慣」や「言い伝え」がある。まずは習慣から考えよう。例えば、朝起きてから出勤するために準備しているところをイメージしてほしい。

　「目覚まし時計を止める→家族におはようと挨拶をする→シャワーを浴びる→朝食を準備する→朝食を食べる→新聞を読む→歯を磨く→スーツに着替える→靴を履いて玄関を出る」。

　あなたはこの出勤するための準備において、逐一その目的を考えているだろうか。おそらく考えていないだろう。「なぜ歯を磨くのか」などと毎朝考えているようでは遅刻をしてしまうというものだ。一方、歯を磨くという行動の妥当性はどうだろうか。歯を磨く目的には「虫歯を予防するため」「口臭を防ぎ人に不快感を与えないため」「白い歯を維持して人に好印象を与えるため」などいろいろとあるが、いずれにせよ歯を磨くことの妥当性は高い。

第 1 章　目的探索の思考─目的を明確にするには─

つまり、私たちは「歯を磨く目的は？」と目的を深く問い直すことはないが、効率的に出勤するために準備するという暗黙の目的に対しては妥当性が高い。このように習慣は、目的を考えていない状態にもかかわらず、高い妥当性を有している場合が多い。

図表1-9　歯磨きの目的

〔演習課題〕

「あなたがスーツを着用する男性であれば、いったい何の目的でネクタイを締めるのであろうか」。

「あなたが化粧をする女性であれば、いったい何の目的で口紅を塗るのであろうか」。

次に言い伝えを考えよう。例えば、あなたは子供の頃「ご飯を食べた後すぐ寝ると牛になっちゃうよ」といわれたことはないだろうか。筆者は子供の頃にこの言葉を何度かいわれたために、大人になった今でも寝る前に食べ物を口にすることはないくらい染み付いている。

ところで、この言い伝えは本当なのだろうか。残念ながら筆者は食べてからすぐに寝てしまったために牛になった人を見たことがないし、そのような

31

人がいるとも思えない。おそらく、科学的・医学的に考えても牛になることはまずないだろう。つまり、この言い伝えは嘘なのだろう。しかしながら、食べた後すぐに寝てしまうと食べたものが消化されずに臓器に負担をかけたり、太る原因にもなることは周知の事実だ。大人であればこのような話も無理なく理解できるが、はたして子供にとってはどうだろうか。特に小さな子供であればなおさら理解できないだろう。つまり、小さな子供には「ご飯を食べた後すぐ寝ると牛になっちゃうよ」とだけいえば暗黙の目的を達成することができるのだ。私たち大人もたとえこの言葉の裏にある目的を考えていなくても、高い妥当性を有していることには変わりはないといえる。

　以上、習慣と言い伝えについて考えてきたように、目的を考えていなくても、その行動が高い妥当性を有していることはある。しかしながら、高い妥当性を有しているものが、さまざまな状況の変化によりいつしか妥当性を失うこともある。そこで次に、もともとは高い妥当性を有していたはずの行動が、いつしかその妥当性を失ってしまった事例について考えよう。

　つい最近まで、流通業やサービス業を中心に多くの日本企業は、パート労

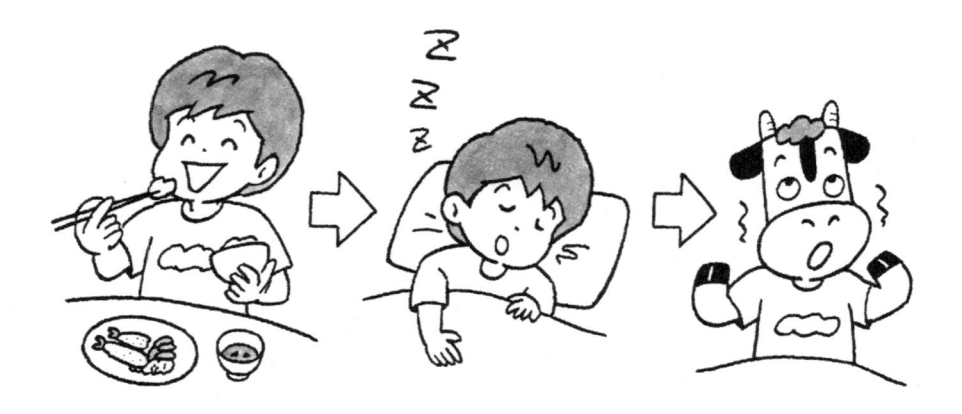

図表1-10　食べた後すぐ寝ると牛になる

働者を活用することで人件費を低く抑えてきた。しかしながら順調な景気拡大や2008年4月に施行される改正パートタイム労働法などの影響により、パート労働者の処遇を正社員並みに引き上げたり、雇用形態を正社員に切り替える動きがここ数年目立ち始めている。各社がこのような動きをする中で、相変わらず自社だけがパート労働者を人件費低減や雇用調整のために活用しているようではパート労働者の士気を上げることはもちろん、定着すら覚束ないだろう。

図表1-11　パート労働者の待遇改善に取り組んでいる企業例

企　業　名	内　　　容
ロフト （生活雑貨専門店）	パート労働者の雇用契約は半年単位で期限ごとに更新していたが08年3月をめどに期間を撤廃して原則無期契約に変更する。つまり、正社員と同様の期限の定めのない雇用形態になる。賃金制度も正社員と一本化し賞与を支給する。また、パート労働者から店長などに昇進する道も開く。
ワールド （アパレル）	06年4月に販売業務を行う約5,000人を正社員に切り替え。寺井社長によると当初見込みより4億円多い22億円の経費が必要だったが、正社員になった販売員が売上拡大に貢献し、経費増を吸収できたとのこと。
西日本電信電話 （NTT西日本）	子会社のコールセンターで約3,600人を対象に07年4月までに1,000人を時給制から月給制に移行した。販売実績や対応件数が多い約60人を正社員に切り替えた。相談窓口の従業員の士気を上げてサービスの質を高めるのが狙い。
シダックス （給食・カラオケ大手）	08年3月末までにパート労働者の約2％にあたる500人を正社員に切り替え。食の安全志向が強まる中で栄養士や管理栄養士の資格をもつ非正社員が管理職に進む道を開く。

　このように、当初は行動が目的に合致しており高い妥当性を有していたものが、いつしか妥当性を失うことは珍しいことではない。つまり、私たちは習慣や言い伝えであっても、定期的にその目的を問い直し、ミスマッチを起こしていないか確認することが求められる。

(3) 目的を考えてはいるが、妥当性が低い場合

　この象限に入る代表的な事例は、「誤った目的を導き出す」「複数の目的に

おける不適切な優先順位付け」がある。次の事例で考えてみよう。

　ガス器具製造販売会社で発生した一酸化炭素中毒事故を覚えているだろうか。この事件を伝えた新聞によると、実はこの会社は問題となった湯沸かし器の危険性を死亡事故が起きる2年も前から把握していたとのことである。さらに現実に死亡事故が発生してからも20年にわたりその事実を隠蔽し続けたのである。結果として過去20年間に21名が死亡する事故になってしまった。湯沸かし器の危険性を察知した段階でリコールを申し出れば、死亡事故にまで至らなかったかもしれないのに、なぜこの会社はリコールを申し出なかったのだろうか。

　おそらく事実を隠蔽し続けた目的として考えられるのは、「企業イメージを守るため」「経営者の保身」などであろう。とても「人命を守る」という目的が頭にあったとは思えない。結局、企業イメージを守るなどの誤った目的を導き出した、もしくは不適切な優先順位付けを行ったことが、死亡者数を21名まで増加させてしまったといえるだろう。

図表 1-12　複数の目的における不適切な優先順位付け

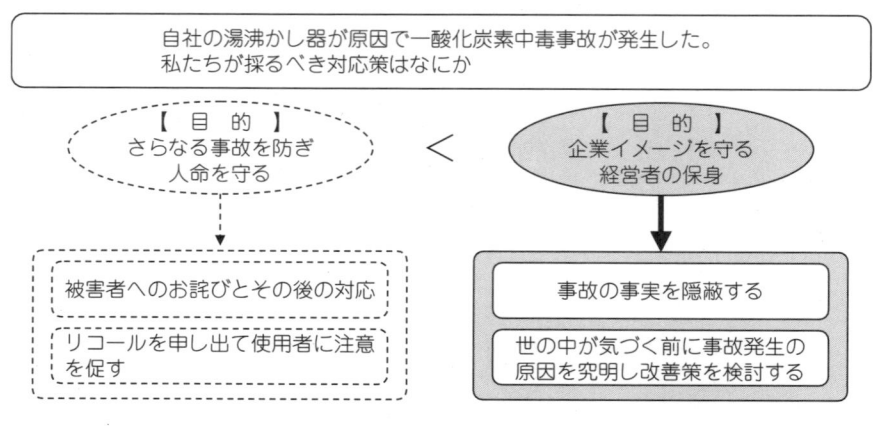

自社の湯沸かし器が原因で一酸化炭素中毒事故が発生した。
私たちが採るべき対応策はなにか

【目的】
さらなる事故を防ぎ人命を守る
　＜
【目的】
企業イメージを守る
経営者の保身

- 被害者へのお詫びとその後の対応
- リコールを申し出て使用者に注意を促す

- 事故の事実を隠蔽する
- 世の中が気づく前に事故発生の原因を究明し改善策を検討する

4. 目的探索を正しく行う

　ここまでは、ビジネスに限らず日常生活においても目的探索を正しく行わないことがもたらす弊害について考えてきた。ほとんどの読者には、目的探索の思考の重要性について理解していただけたことだろう。そこで続いては、如何にして目的探索を行うかについて考えていく。
　「目的探索を正しく行うには思考の幅と深さを追求する」。

(1) 思考の幅とは

　私たちは、自分ひとりでビジネスを行っているわけではない。組織の一員としてメンバーと協働することを通じて、自分ひとりで行うよりも高い成果を生み出している。したがって、私たちが探索する目的は、独りよがりのものであってはならない。協働するメンバーにとって理解・納得しやすいものであると同時に、魅力的であることが望まれるのだ。結果としてメンバー全員がその目的を共有することができれば、シナジー（相乗効果）を生み出すことが期待できる。
　また、私たちは、さまざまなステークホルダーとの関係の中でビジネスを行っている。顧客、取引先、株主などを考慮することなく自組織の独りよがりな目的を追求するわけにはいかない。ステークホルダーを考慮しない組織は、早晩市場から撤退せざるを得ないだろう。
　つまり、ここでいう思考の幅とは自分の立場だけではなく、協働するメンバーやステークホルダーの立場からも目的を考えることを意味している。結果として自分に関連する全員が共有することのできる目的を導き出すことが、私たちには求められているといえるのである。
　思考の幅を広げるための手法には、「状況の構造化図」がある。状況の構造化図とは「絵による状況の記録手段」とされ、当事者が関係者や問題状況をどのように認識しているかを、絵や図表、文章、数字で主観的に表現した

ものである。状況の構造化図の手法を以下に示すが、それは至って簡単である。

①紙の中央に自分（の仕事や課題）を据える。
②自分（の仕事や課題）に関連する関係者を書き込む。
③関係者の現状とそこから想定される自分（の仕事や課題）に対する要望を書き込む。
　※直接的な関係者に留まることなく、幅広い視野から関係者を洗い出すことがポイントになる。
④最後に、全体を俯瞰して自分の仕事の目的が自分の独りよがりになっていないか、周囲の期待を内包するような魅力的な目的となっているかをチェックし、目的の幅を広げていく。

図表1-13　状況の構造化図

このように、状況の構造化図は独りよがりの目的に陥ることなく、幅広い視野から目的を探索するのに有効な手法である。是非、今まで以上に思考の幅を広げて目的を探索していこう。

（2）思考の深さとは

　かつて、多くの日本企業にとって「何をするのか（＝What)」そして「なぜそれをするのか（＝Why)」は明確だった。それは、手本となる欧米企業に追いつくために欧米企業と同じことをするという非常に単純化されたものだった。

　事実、ある電機メーカーの経営幹部は、次のように話していた。「何をすべきかはIBMを見ていればわかる。私たちはそれを如何に効率的に実践するかを考えればいい」。つまり当時の多くの日本企業にとってWhatとWhyは明確であり、考えるべきことは、それを「どのように実現するのか（＝How)」だけだったといえるだろう。

　この戦略が、現在ではまったく通用しなくなったのは周知の事実だ。日本企業は欧米企業に追いつき、ある分野においてはすでに追い越している。そのため欧米企業だけを見ていても何をすべきかは見えてこない。各社が今まで以上に「そもそも何をするのか」を深く問い続けなければ、生き残ることすら困難な時代になっている。

　これはなにも、企業経営だけに当てはまる話ではない。私たち一人ひとりの社員にとっても「そもそも何をするのか」を深く問い続けることが求められている。

　私たちは日常、「いかに組織に貢献していくか」を念頭に、日々の職務を遂行している。換言すれば、部門の目的を達成するために日々の職務に取り組んでいるといえる。つまり、この意味において私たちの職務は部門の目的からブレイク・ダウンされているはずであり、目的が連鎖しているはずである。

　図表1-14のとおり、私たちの職務が部門の目的からきちんとブレイク・ダウンされていれば、私たちがその職務の目的を逐一考える必要はないのかもしれない。

図表 1-14　目的の連鎖

目的を達成するために必要な職務

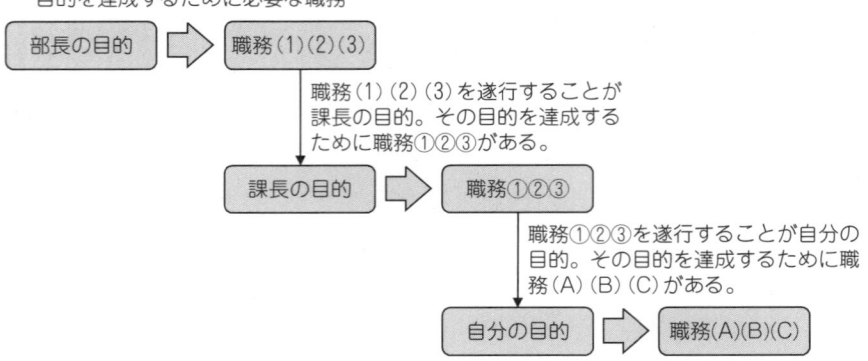

部長の目的 ⇒ 職務(1)(2)(3)

職務(1)(2)(3)を遂行することが課長の目的。その目的を達成するために職務①②③がある。

課長の目的 ⇒ 職務①②③

職務①②③を遂行することが自分の目的。その目的を達成するために職務(A)(B)(C)がある。

自分の目的 ⇒ 職務(A)(B)(C)

実際に、筆者がかつて訪問したことがある企業では、「あれこれ考える社員は要らない。とにかく上のいったことをキチンとやってくれればいい」と言い放つ経営者もいたほどだ。しかしながら、本当にそれでよいのだろうか。

図表 1-15　"真の目的"を突き止める

部長の目的 ⇒ 職務(1)(2)(3)
↑その目的は？
課長の目的 ⇒ 職務①②③
↑その目的は？
自分の目的 ⇒ 職務(A)(B)(C)
↑その目的は？

すでに説明したとおり、社員の一人ひとりが担当する職務の目的を問い続けていかない限り、現在の環境下において組織は生き残ることさえ困難にな

りつつある。職務を遂行する目的を理解していないと、時代の変化とともにギャップが生じてしまうのだ。そこで、私たちに求められているのは、たとえ遂行する職務の目的が上位者からの所与のものであろうとも、自らその目的を問い直すことなのだ。

　私たち一人ひとりの社員は、職務の目的を今まで以上に考えることが求められている。単に「部門目標だから」「上司にいわれたから」というのではなく、「なぜその部門目標なのか」「なぜこの職務を遂行しなければならないのか」を深く考えていく必要があるのは明らかだ。それも表層的な目的ではなく、目的を深く追求することで、原点ともいうべき"真の目的"を突き止めることが求められる。

　思考の深さを追求するための具体的な方法には、「"その目的は？"を繰り返す」がある。私たちは「外出先でも仕事をするためにノートパソコンを買う」というように、目的を表層的にしか考えることなく行動してしまうことがある。しかし、よく考えてみると、これらの表層的な目的にはさらに上位

図表 1-16　"その目的は？"を繰り返す

家族と一緒に過ごす時間を確保したい
↑ その目的は？
時間外勤務を少しでも減らしたい　⇐　仕事のやり方を見直して全体的な効率化を図る
↑ その目的は？
時間を有効に使いたい
↑ その目的は？
外出先でも仕事をしたい
↑ その目的は？
外出先でもパソコンを使いたい
↑ その目的は？
ノートパソコンを持ち運びやすくしたい
↑ その目的は？
小型のノートパソコンを買いたい　⇐　小型のノートパソコンを買う

その目的を突き詰めて考えると、対応策はこれだけ異なる

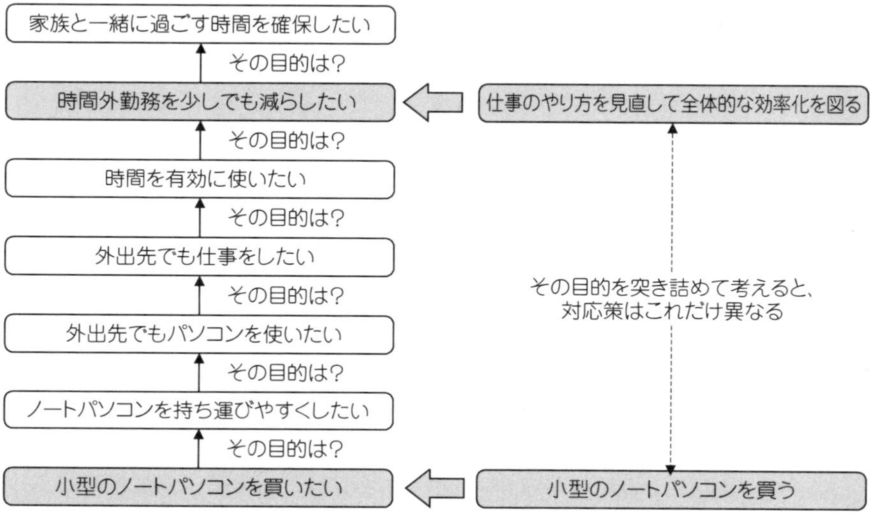

の目的が存在することに気づく。当たり前だと思っていた目的は、より上位の目的の手段にしか過ぎない。

　"その目的は？"を繰り返し、目的を上位に展開すると、本来の目的を達成するための全く違うアプローチが見えてくることがある。また、これまで制約条件と受け止めていたものが、実は制約条件ではなかったと気づくこともあるだろう。なお、あまり何度も"その目的は？"を繰り返していくと、いつかは「全世界の幸福のため」など普遍的なものにたどり着くことになるが、そのときは妥当なレベルまで戻ればよい。

　思考の深さを追求するための手順は、次のとおりである。
① 最も身近で直接的な目的を考える。ほぼ、ニーズの裏返しの表現となる。「〜を〜する」「〜を〜したい」という表現で記述する。
② 目的は徐々に拡大する。いきなり大きく拡大した場合は、その間を埋める目的を探す。
③ 目的を徐々に拡大していって、明らかに自分や職場の対応範囲を越えていると思える段階まできていたら、それ以上拡大していく意味はない。
④ どの段階の目的について達成手段を考えるかを選択する。
　※上位の目的を考えるにあたっては、あまり当たり前の目的を考えるのではなく、ちょっと違う視点から見たらどうかという視点で考えてみる。当たり前の目的からは当たり前の解決策しか導けない。当たり前の目的を乗り越える努力を続け、他にはない目的をひねり出すことが重要である。

　なお、図表1-14のようなブレイク・ダウンが組織においては必要不可欠であるのは否定できない事実であるが、上位者のHow（＝達成手段）"だけ"で自分自身のWhat（＝目的）を考えればよいかというと、話はそう単純ではない。上位者のHowを自分自身のWhatとして考えるのは必要なことだが、上位者のHowだけを自分自身のWhatにしてしまえば、結局、本当の意味で目的を考えているのは上位者だけということになる。この状態を例え

第1章　目的探索の思考─目的を明確にするには─

るならば、上位者が頭であり、私たちは単に手足となって動いているだけということになってしまう。これでは私たちはロボットとなんら変わらない。上位者にいわれたことだけを粛々と遂行するだけではロボットと同じであり、人間である必要性は低い。

　一人ひとりの社員が自分自身で職務遂行の目的を考え出すことで、社員全員が本当の意味での目的を考えて行動しているといえる。上位者の目的をどのように達成するか（＝How）だけではなく、そもそも何をやるか（＝What）をも考えていくことが必要不可欠なのだ。

　結局、思考の深さには2つの側面があり、「上位者のWhatに対するWhyとHow」と「自分自身で生み出すWhat」を徹底的に考え抜くことといえる。

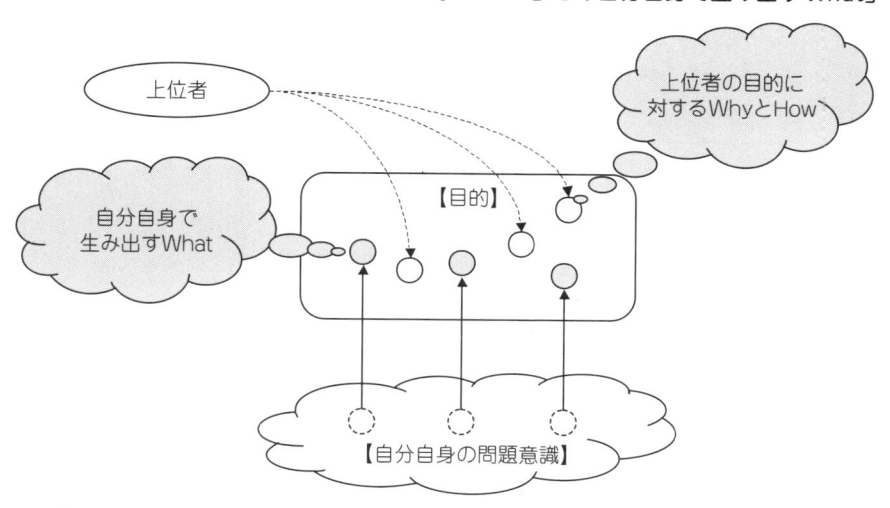

図表1-17　「上位者のWhatに対するWhyとHow」と「自分自身で生み出すWhat」

　私たちは思考の幅と深さを追求することで、行動の結果として成し遂げようと目指す妥当な事柄を明確にすることが望まれるのだ。

1章のまとめ

(1) 考え方のポイント

　考えることを疎かにしがちな思考や行動の目的を明らかにするために、何かを始めるときには自分自身に対して「そもそも何のために？」という問いかけを行うことが大切である。

(2) 陥りやすい失敗
　・そもそも目的を考えていない。
　・目的を考えてはいるが妥当性が低い。
　・かつては高かった目的の妥当性がいつしか失われてしまった。

(3) 主なツール
　・状況の構造化図
　・目的の連鎖

【参考文献】
『問題発見プロフェッショナル：構想力と分析力』齋藤嘉則著／ダイヤモンド社

第2章

観察の思考
―真実を観る視点とは―

7つの思考プロセス

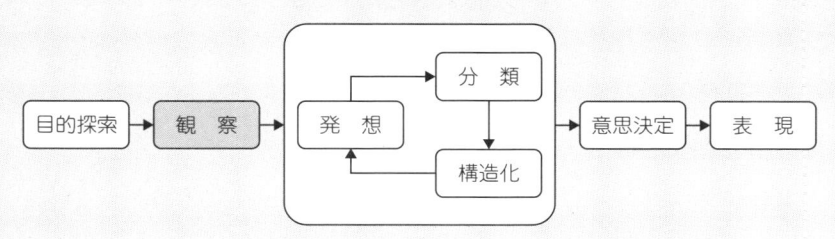

目的探索 → 観察 → 発想 → 分類 → 構造化 → 意思決定 → 表現

> 私たちは自分が大好きである。世界は自分を中心に回っている……。

〔例題〕

　まず、下記の問題を考えてみよう。

一番高い確率は？

> S氏は毎日筋力トレーニングを欠かさず行い、食事もたんぱく質中心で採ることを心がけているおかげで、身長190センチ、体重100キロの筋肉質の体格を20年間維持し続けている。かねてからのスキンヘッドが人目を惹き、路上でよくサインや握手を求められる。一度、果敢に強盗犯に立ち向かい、逆に大怪我させたことがある。
> ①〜③を、S氏について確率が高いと思われる順番に並べよ。

　　　①元プロレスラーの居酒屋店主
　　　②元マラソン選手のトラック運転手
　　　③居酒屋の店主

（出典：『心理パラドクス』三浦俊彦著、二見書房、P9を一部修正）

2章で学ぶこと

　本章のテーマは、「偏りなく物事を捉えること」である。無意識のうちに自分に都合のいいように捉えたり、相手の主張を疑うことなく受け入れてしまったりすることはよくある。ここでは、いかにそういった偏りを排除して情報をインプットしていくか、について学習していく。

第2章　観察の思考―真実を観る視点とは―

はじめに

　前頁の例題を皆さんは、どういう順番に並べただろうか。「①元プロレスラーの居酒屋店主」を一番確率が高いと選んだ人が多いのではないだろうか。一見確率が一番高いように思えるが、実は「③居酒屋の店主」のほうが、確率が高いのである。冷静に考えてみれば、「③居酒屋の店主」には元プロレスラーの人もいれば、元ボディビルダーの人もおり、元サラリーマンの人もいるだろう。③は①を含んでいるので、当然③のほうが、確率が高いはずである。

　前頁の問題文には、プロレスラーを連想させるようなさまざまな情報が記述されているために、その余計な情報に流されてしまい、正確に情報を捉えることができなくなってしまうのである。こういうことはよく起こり得ることであり、この問題はその典型的な例であるといえよう。ちなみに、「②元マラソン選手のトラック運転手」はダミーのために入れてある。重要なのは、③→①の順番を正しく並べることができるかどうかである。

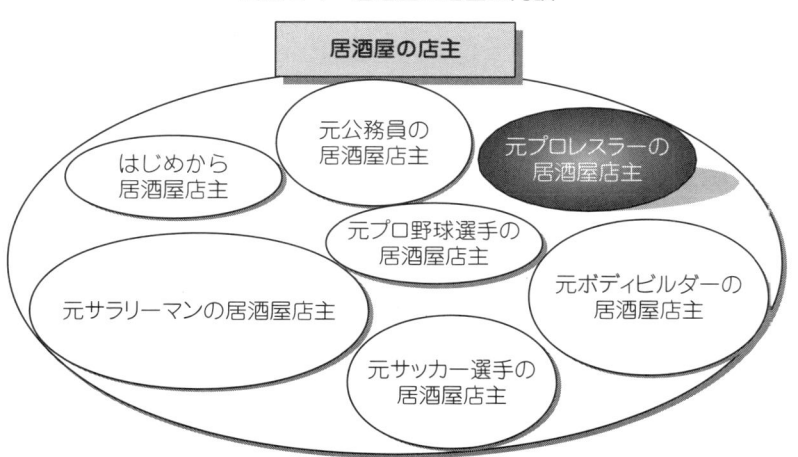

図表2-1　居酒屋の店主の内訳

居酒屋の店主
- はじめから居酒屋店主
- 元公務員の居酒屋店主
- 元プロレスラーの居酒屋店主
- 元プロ野球選手の居酒屋店主
- 元サラリーマンの居酒屋店主
- 元ボディビルダーの居酒屋店主
- 元サッカー選手の居酒屋店主

1. 観察の思考の必要性

図表 2-2　ラーメン屋の行列

　あなたは、飲食店の行列に並んで食事をしたことはないだろうか。そのときの体験を思い出してほしい。並んで食べたその料理は、本当においしかっただろうか。

　例えば、テレビの特集で「〇〇駅前の△△屋というラーメン屋さんはおいしい」と取り上げられているのを見て、あなたはそのラーメンを食べに行ったとしよう。案の定、そのラーメン屋さんには行列ができており、その行列の最後尾に並ぶことにした。待つこと30分。あなたはようやく店内に入ることができた。そして目当てのラーメンを注文した。10分後、目の前にそのラーメンが運ばれてきて、待ちに待ったあなたは、ひと口めを口にした……。

　この状況で口にするラーメンと同じラーメンを、並びもせずテレビで特集されていたのも知らずに目の前にポンと出されて食べるのとで、味の感じ方

は果たして同じだろうか。

　実は上記のような例の場合、あなたの中で、「他の人も認めている味だ」という先入観と、「長時間行列に並んだ自分の行動を否定したくない」という自己防衛の心理の2つの作用が起こっている。この心理的な作用の影響で、同じ味のラーメンを食べていても、おいしいと感じてしまっている可能性もある。

　このように、日常でもビジネスシーンにおいても事実を歪めて見てしまうことがしばしばある。このような影響について考え、それを知った上で正確に捉えようというのが本章のねらいである。

2．観察の思考の考え方

(1)「観察」とは

　「観察」とは、辞書によると以下のような意味である。

◆かんさつ【観察】
　物事の真の姿を間違いなく理解しようとよく見ること。
（出典：新村出編『広辞苑』〔第五版〕岩波書店）

　本書では、"見る"ということに限らず、以下のように定義する。

◆本書における「観察」の定義
　「先入観や固定観念に惑わされることなく、多面的に情報を収集することで、物事の真の姿を正確に捉えること」。
　本書での「観察」とは、辞書的な意味のように実際に「見る」という意味のほか、相手のいっていることを「聞く」、状況を「把握する」などといった意味も付与し、五感を通じインプットすること全般を指すこととする。そ

の際、心理的要因や発信者の意図に惑わされることなく、偏りなく多面的に物事を捉える必要性がある。

観察をするときには、大きく分けて2つのパターンがある。ひとつは自分で情報を収集し、自分自身で理解するものである。これは自分ひとりだけで完結するものである。もうひとつは、他者を通して情報を収集するというものである。

この後は、まず2つのパターンの観察のしかたについて、そしてその次に、これらそれぞれのパターンにおいて注意すべき点について見ていく。

3. 観察のしかた

私たちは、普段何気なく観察をしている。観察しようと思っていても、なかなかうまくはできていない。それに気づいている人もいれば、気づいていない人もいるであろう。ここでは観察に気づいてもらい、うまく観察していくための方法、心構えを紹介していく。

(1) 自分で情報収集するときの観察のしかた

①部分から入るか、全体から入るか―ズームイン思考とズームアウト思考

　1) 部分から入る―ズームイン思考

部分から入る思考とは、一つひとつの事柄を分析して部分を見ていく"ズームイン思考"である。全体として見たときに、物事は困難に見えがちである。しかしながら、細かい要素に分解してみると、それほど難しい問題ではないことがよくある。例えば、業績が悪いので何とかしたい状況があったとする。皆さんはどう考え、解決するためにどういう方法をとるだろうか。

はじめに思いつく手法として、"とりあえず、たくさんの顧客を訪問してみよう"というのでは駄目である。「実際のところ何が原因で伸び悩んでいるのだろうか」と考えてみる必要がある。

まずは、業績を上げられないのは売上げが減っているのか、コストが増えているのかを分析してみることである。仮に売上げが減っているのであれば、客数が減っているのか、顧客1人当たりの購入額が下がっているのかを分析していかねばならない。客数が減っているのであれば、固定客が減っているのか、新規客が減っているのかを確認しなければならない。

まだまだ細かい要素に分解していかなければ、本当の原因は見えてこない。そしてどの部分に原因があるのかを見つけてから、その対処法を考えていくべきである。思いつくことをとりあえずやってみても、取り越し苦労になってしまうことは目に見えている。

細かい要素に分解して分析することを習慣化することが、物事を観察していくにあたり非常に重要である。

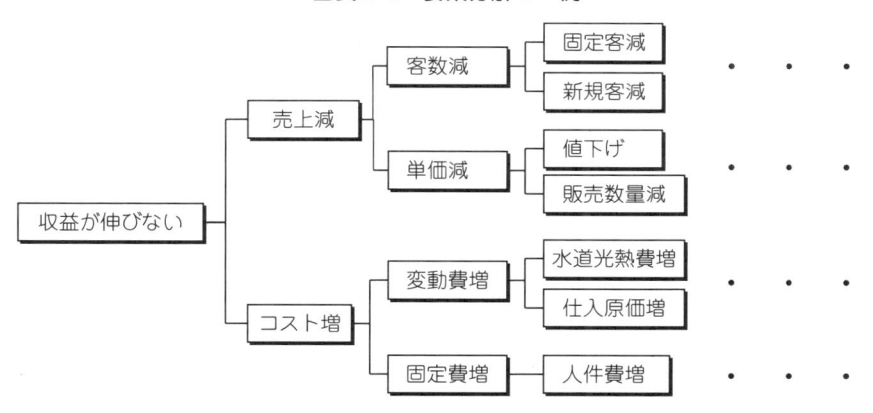

図表2-3　要素分解の一例

```
収益が伸びない ─┬─ 売上減 ─┬─ 客数減 ─┬─ 固定客減    ・・・
                │           │           └─ 新規客減    ・・・
                │           └─ 単価減 ─┬─ 値下げ      ・・・
                │                       └─ 販売数量減  ・・・
                └─ コスト増 ┬─ 変動費増 ┬─ 水道光熱費増 ・・・
                            │           └─ 仕入原価増   ・・・
                            └─ 固定費増 ── 人件費増     ・・・
```

2）全体から入る─ズームアウト思考

私たちは、すぐ目の前にある事柄ばかりを見てしまい、狭い判断しかできなかったり、場当たり的に対応してしまうことがよくある。このようなことにならないよう全体を俯瞰して考えるというのが、"ズームアウト思考"である。

皆さんは日々の業務が忙しいことを理由に、直面する問題を何とかしようとすることばかりに終始していないだろうか。半年先、1年先の自分の姿や、課全体や部全体、ひいては会社全体の中での自分の位置づけ、役割を意識できているだろうか。

　もちろん目の前の業務にしっかり取り組み、きちんと結果を出していくことは重要なことである。それをきちんと行った上で、今自分が取り組んでいることが全体の中でどんな位置づけにあり、どんな役割を果たしているのかという見方をすべきである。こういった見方をしなければ、正しい判断を下せなくなるのはもちろんのこと、仕事も面白くなくなってくるし、自分が将来どうなりたいのか夢や希望も見失ってしまうであろう。

　自分が携わっている仕事の意味、役割、その先に何があるかがわからなければ、仕事に対するモチベーションも上がらないだろう。人間誰しも、目の前にあることに一生懸命になりすぎて本質を見失ってしまいがちである。注意して常に全体の中の一部として捉えるようにすべきである。

②多様な視点から捉える

　人間はどうしても、ある一方向からしか物事を捉えられなくなってしまいがちである。よりよい観察をするためには、他の見方をすればその事象はどのように捉えることができるのか、どのように認識することができるのかを知る必要がある。そのためのやり方として、二通り紹介しておく。

　1）違う立場に立って考えてみる

　人間はどうしても自分中心に考えてしまい、他者がどういう立場にいるのか、どう考えているのかを見過ごしがちである。違う立場に立って考える際に有効なのが、「対象は〇〇を△△するもの（ところ）である」という定義を考えることである。

　例えば、"会社"について考えてみる。「会社は〇〇を△△するところであ

る」としたときに、社員の立場ならどうか、顧客の立場ならどうか、などと考えていくと、無数に定義が出てくる。これにより、"会社"というものをいろいろな角度から見た、さまざまな機能、役割が見えてくる。

2) 本来の目的を考える

「何のために」と問いかけてみることにより、本来の目的が見えてくる。それにより、今まで見えなかったものが見えてきたり、幅が広がったりするものである。

例えば、タクシー乗り場に多くの人が並んでいるとする。彼らは何のためにそこに並んでいるのだろうか。もちろん、「タクシーに乗るため」である。ここで大切なのは、もうひとつ上位の目的も考えることである。すなわち、「何のためにタクシーに乗るのか」を問うてみることである。そうすれば、「このあたりの地理がわからないので道案内（ガイド）のために利用する」「急いでいるので時間短縮の手段として利用する」「疲れているのでくつろぎの空間として利用する」などといった答えが出てくるであろう。こうすれば、彼らの本来の目的が見えてくることになる。

詳しくは目的探索の思考「思考の深さとは」で述べているので、そちらを参照していただきたい。

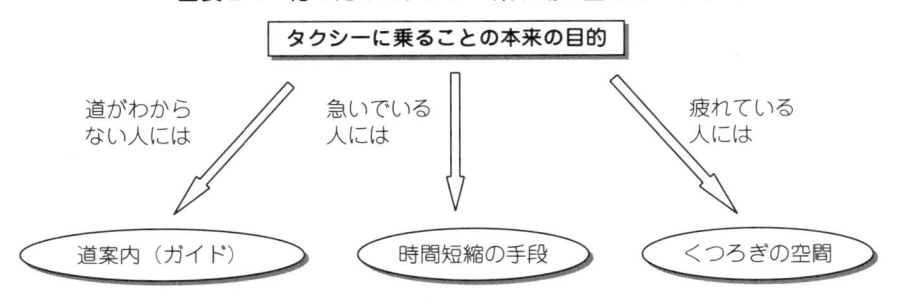

図表 2-4　何のためにタクシー乗り場に並んでいる？

タクシーに乗ることの本来の目的

- 道がわからない人には → 道案内（ガイド）
- 急いでいる人には → 時間短縮の手段
- 疲れている人には → くつろぎの空間

③身近なものに置き換える

これまでの経験の中で、「話が抽象的過ぎてわからない」といったことはなかっただろうか。私たちは、抽象的なものよりも身近で具体的なものに置き換えて考えると、より問題を正確に捉えやすくなることが多々ある。

下記の例で考えてみよう。

〔例1〕

図表2-5　どのカードをめくる必要がある？①

> 4枚のカードがある。片面には数字、その裏面には図形が書かれているカードである。
> さて、次のルールが成立しているかどうか調べたい。
> 「もしカードの数字が奇数であるならば、裏側には黒塗りの図形が描かれている」
> 最低限どのカードをめくれば、このルールを確かめられるだろうか。

「7」「▲」「2」「□」

どうだろうか、なかなか難しくはないだろうか。

では、次の問題ではどうだろう。

〔例2〕

図2-6　どのカードをめくる必要がある？②

> 4枚のカードがある。この4枚のカードは、目の前にいる4人の人々についての情報が書かれているものである。カードの片面には年齢、カードの裏面にはその人が飲んでいるものが書かれている。あなたは下記の法律に違反している人に注意をしなくてはならない。
> 「もしお酒を飲んでいるならば、その人は20歳以上でなければならない」
> 法律に違反しているかを決定するために最低限必要なカードを選択せよ。

「ビールを飲んでいる」「22歳」「コーラを飲んでいる」「16歳」

前頁２つの問題は、構造は同じである。しかし比べてみると、明らかに例２のほうが答えを導きやすかったのではなかろうか。答えは例１、例２ともに、一番左と一番右のカードをめくればよいのである。

抽象化すると一般的になり、さまざまな状況に当てはめやすい反面、物事をわかりにくくしてしまうことがある。そのようなときには上記の例のように、身近で具体的なものに一度置き換えて考えてみるとよい。

④**固定観念に捉われない**

まず下の絵を見ていただきたい。実はこれは二通りに見える絵である。何と何に見えるだろうか。

図表２-7　何の絵に見えるか？

（出典：http://psyco.jp/heliboy/fusigi/e/13.html）

二通りの絵に見えただろうか。あるいは、一通りにしか見えなかっただろうか。

答えのひとつは、インディアンの横顔である。首から上の絵で、左半分の顔が見えている。黒く塗りつぶされている部分は髪の毛である。わからなかった人も、いわれてみたらそう見えるようになっただろうか。

比較的インディアンには見えやすい。もう一通りは何に見えるだろうか。固定観念に捉われてしまい、インディアンといわれたらもうインディアンにしか見えなくなっていないだろうか。

実はもう一通りはエスキモーに見える。フードをかぶっていて、後ろを向いて右手で握手を求めているような姿である。

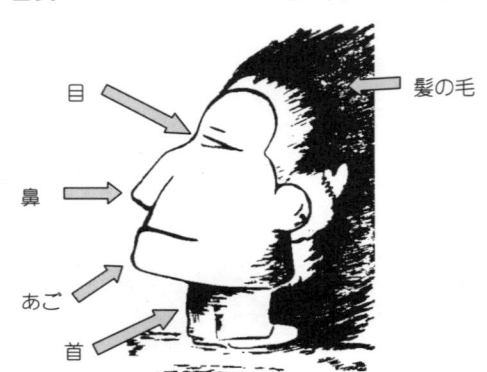

図表2-8　インディアンが左を向いている横顔

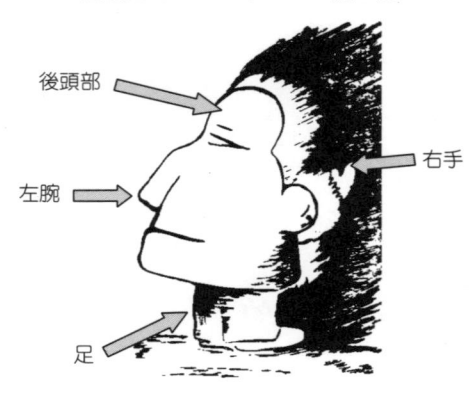

図表2-9　エスキモーの後ろ姿

1つの方向から物事を見たらその見方に縛られてしまうというのが、固定観念である。まさに、エスキモーに見えるといわれたら、それ以外のものに

第2章　観察の思考—真実を観る視点とは—

は見えなくなってしまうというのもそれである。人間誰しも固定観念は持っている。そうした固定観念によって自分の解釈を歪めてしまうことがある、ということを知っていることにより、それらに捉われてしまうことを避けられる可能性が高まるのである。

(2) 他者を通して情報収集するときの観察のしかた

①情報の裏側を読む

「規制緩和が進むと競争が激しくなり、事業者の淘汰が進展する」。

この文章だけを見てみると、あたかも規制緩和が産業の活力を削ぐかのような印象を与える。しかし、一方で次のような文章はどうであろうか。

「規制緩和が進むと自由競争が進展し、市場全体が活性化する」。

この文章では規制緩和のよい面が表現されている。

現象としては、どちらも「規制緩和」が進んだのであるが、上記2つの文章は、それぞれ書き手の考えが加わっているのである。注意したいのは、主張や文章では、上記のどちらか一方しか述べられないことが大半である。「規制緩和」という事実を、主張の表側からも裏側からも解釈ができるようにしなければならないのである。

②書き手、話し手の意図を読み取る

図表2-10　ジョッキ半分のビールを見て……

前頁の絵を見て、皆さんはどう解釈するだろうか。
　この「ジョッキに半分のビール」を見て、「もう半分しかない」と表現するか、「まだ半分もある」と表現するかは、書き手、話し手の考え次第である。では、上記の2つの表現からは、どのようなことが読み取れるだろうか。
　前者はビール好き、酒好きと考えられるし、後者はビール嫌いなのか、あるいはおなかがいっぱいなのかということが読み取れるのではないだろうか。こんなに短い一言であっても、意図が含まれているのである。
　「まだ入社して2年しか経っていない」「もう入社して2年も経った」というような二通りの表現にも同様のことがいえる。彼らの意図を読み取ることにより、より多くの情報を収集できることを知っておくとよいだろう。

③隠された前提条件を探る
　「少子・高齢化が進んできているので、児童福祉よりも高齢者福祉に重点を置かなければならない」。
　上記のような主張には多数派を優先するという暗黙の前提が存在している。このようにある主張に対して根拠を示して裏付けようとするときに、その根拠を支える隠れた前提条件が存在することがある。私たちは意見・主張を含む情報に接するときに、そうした隠された前提条件自体が正しいかどうかをも判断しなければならない。

④自分の期待や本音とは逆の結論を想定してみる
　例えば自動車を買うときなどに、ほしい車について好意的に書かれた記事は一生懸命読んだりするが、否定的に書かれた記事は読もうとしなかったり、読んだとしてもその記事自体を否定的に捉えようとしてしまう。このように人は、自分に都合のよい情報は積極的に受け入れるが、そうでない情報は無意識のうちに排除してしまう傾向がある。
　したがって、私たちは情報に接しようとするとき、まず胸に手を当て、自

分の期待や本音を自分に正直に明らかにして、その上で敢えてそれとは逆の結論を想定してみる必要がある。

⑤その他の可能性を想定してみる

　観察する際に重要なことは、偏った見方にならないことである。他の可能性を想定してみることが大切である。例えば、「この参考書を使って試験に合格した」という話を聞いて、「じゃあ自分もその参考書を買おう！」というように単純に行動してしまうのは、その典型であるといえる。その参考書を使って試験に合格しなかった人や、その参考書を使わずにその試験に合格した人、使わずに合格しなかった人、それぞれの観点から見て合理性を判断するべきなのである。ここではそれぞれの観点から物事を見るため、4分割マトリックスを描いて考える。この場合の4分割マトリックスを図表2-11に示す。

図表2-11　4分割マトリックス

	参考書使用	参考書不使用
合格	A．参考書を使って合格	C．参考書を使わず合格
不合格	B．参考書使って不合格	D．参考書を使わずに不合格

　上記のような単純な行動は、A.のみしか見ることなく判断してしまっているのである。

　A.～D.の中で、B.に比べて圧倒的にA.が多いとか、C.に比べてD.が圧倒的に多いというのであれば、「この参考書を使えば試験に合格できるのではないか」と考えるのも納得ができる。しかしそうでない場合、この言葉には説得力がない。A.も多いがC.も多い場合などは、単純に試験が簡単である可能性というのも考えられる。

　これらを数値計算してみると、より客観的に見ることができる。例えば、図表2-12（ケース①）のように、学生にその参考書を使っているかどうか、

そしてその学生が試験に合格したかどうかを調べた状況を考えてみよう。

図表2-12　数値計算した4分割マトリックス（ケース①）

①	参考書使用	参考書不使用
合格	A. 80（%）	C. 20（%）
不合格	B. 40（%）	D. 60（%）

　参考書を使った人の中で合格した人の割合は、A/（A + C）で、80%である。一方で、参考書を使わなかった人の中で合格した人の割合は、B/（B + D）で、40%である。このような場合であれば、この参考書は合格するために有効であるといえる。
　次に、ケース②の4分割マトリックスを見てみよう。
　この状況のように、この参考書を使って合格する確率は80%である！といわれても、参考書を使わなくても合格する確率も80%であれば、合格した要因がこの参考書にあるとはいいがたい。

図表2-13　数値計算した4分割マトリックス（ケース②）

②	参考書使用	参考書不使用
合格	A. 80（%）	C. 20（%）
不合格	B. 80（%）	D. 20（%）

　こういった状況を客観的に冷静に捉えるために、この4分割マトリックスは有効である。
　数値計算をしないまでも、この四通りの可能性を忘れないように考えることが重要である。「参考書を使わずに合格した人はいないの？」「参考書を使って不合格になった人はいないの？」と考えるだけでも、かなりよい観察ができるはずである。

第2章 観察の思考―真実を観る視点とは―

4. 正確な観察をジャマするもの

「自分で情報を収集する」「他者を通して情報を収集する」の2つのパターンによる観察においては、下記の点に注意しなければならない。

1) 自分で情報を収集する
・情報を収集するときにバイアスに惑わされないこと。

2) 他者を通して情報を収集する
・物事を受け入れるに足るかどうか検証すること。
・他者のウソ（虚偽）に惑わされないこと。

図表2-14　観察するときの注意点

（1）自分で情報収集するときにジャマするもの

　自分で情報収集する際にジャマするものとして真っ先にあげられるのが、バイアスである。バイアスとは、「斜め、または偏りや歪み」という意味である。それが転じて心理学において、「認知の偏り」のことをいうようになった。偏見や固定観念のようなものもそれにあたる。
◆バイアス：認知の偏り。偏見や固定観念

59

①**自分自身についてのバイアス**
　1)「自分は悪くない」バイアス
　自分にとってネガティブな結果に対して自分を守るように原因を求めてしまうというもの。"自己防衛バイアス"と呼ばれている。

〔例〕
「営業の受注が取れなかったのは相手にその商品の必要性がなかったからだ（決して自分は悪くない）と原因を求める」。

　2)「手柄は自分のものに」バイアス
　自分にとってポジティブな結果に対して自分のいいように原因を求めてしまうというもの。"自己高揚バイアス"と呼ばれている。

〔例〕
「営業の受注が取れたのは、自分の営業のしかたがうまかったおかげだ（自分の手柄である）と原因を求める」。

②**期待バイアス**
　私たちは何でもない出来事も、自分の都合のいいように捉えてしまう傾向がある。

〔例〕
「自分が好意を抱いている人が、チラッとこっちを見ただけなのに『あの人は私のことが気になっているのではないか』というように考えてしまう」。
　正確に物事を観察するためには、自分が期待を持って事実を見てしまっているばかりに、フィルターを通して取り入れてしまったり、解釈を歪めたりしている可能性があるので注意しなければならない。

③過去の経験バイアス

　私たちは確率を考える際、たいていの場合は過去の経験や知識をもとに判断を下す。すべての場合を計算して答えを出すということをするわけではない。速く効率的に処理できるという利点がある反面、時にはそれにより判断を誤ってしまうことがある。主なものを以下に示す。

1）経験則によるバイアス

　どれだけの実例を思い出すことができるかにより、判断を下してしまうこと。身近に耳にすることは確率が高いと考えるが、あまり耳にしないことはなかなか起こらないものだと考える傾向である。"利用可能性ヒューリスティクス"と呼ばれている。

〔例〕

　「40人のクラスで誕生日が同じ人が一組以上いる確率は何％だろうか」。

　あなたは何％だと予想しただろうか。実は、実際に計算してみると89.1％という高確率なのである。「想像以上に確率が高い」のである。このズレが生じる要因は、あなたが今まで生活してきた中で誕生日が同じ人と何人に出会ったことがあるかというところにある。おそらく数えるほどしかいないのではないだろうか。何千人、何万人と出会っているにもかかわらず、数名しか同じ誕生日の人がいなかったというこれまでの経験のもとに判断を下すので、低く見積もってしまうのである。しかし皆さんは、会った人全員に誕生日を聞いただろうか。そうではないはずである。おそらく出会って親しくした人の中にも、気づいてはいないが同じ誕生日の人が何人もいたことであろう。

　このように、知らず知らずのうちに現実と経験の間にギャップができていることがよくある。少し立ち止まって冷静に考えたり数値計算することにより、できるだけ客観性を保つことが重要であるといえる。

2)「いいものは高い」バイアス

実際の出来事が、そのカテゴリーの概念や典型例とどれくらい合致しているかによって、その可能性を判断すること。"代表性ヒューリスティクス"と呼ばれている。

〔例〕
「高い洋服はいいものだ」。

人は、"いいものは高い"という概念を潜在的に持っており、それに基づき判断している。しかし、単にブランド名や流通コストの関係で高くなっているだけなのかもしれない。ブランド店やセレクトショップで高い洋服を買ったが、使ってみると品質はそうでもなかったという経験をしたことはないだろうか。それはまさにこのバイアスによるものである。

私たちは、情報を素早く処理するために利用可能性ヒューリスティクスや、代表性ヒューリスティクスを実によく使う。しかし正確な判断を要するときにおいては、固定観念に捉われてしまっていないか、本当の確率を無視していないかなどに注意するべきである。

④原因分析バイアス

私たちは物事を分析し、その原因を追究するときにもバイアスに捉われ、正確にそれを捉えられないことがよく起こる。そういった状況を避けるためには、因果関係の成立する条件を知っておき、きちんと確認するようにすればよい。その条件とは、以下の3点である。
1) 2つの事柄の相関
2) 2つの事柄の時間的な順序
3) 他の原因の排除

第一に、2つの事柄に因果関係があるということを説明するためには、その2つの事柄の間に相関関係があるということがいえなければならない。相

関とは、一方が変化すれば他方も変化するような関係のことである。

次に、2）の時間的な順序に関しては、原因が先に起こってから結果が起こるという、時間的な前後関係に誤りがないかどうかである。

最後に、3）については、その結果をもたらす原因が他にないかどうかである。例えば以下のようなケースである。

「一般的に、タバコは肺ガンを引き起こす原因であるといわれている。果たして本当にそうなのであろうか」。

タバコを吸うことになる要因としてストレスがある。このストレスが肺ガンの原因ではないかとも考えられ、研究が進められている。

肺ガンを引き起こす原因はタバコを吸うことであると考えられがちであるが、実はストレスという別の要因との因果関係も考えなければならない。この「他の原因」が排除しきれないために、タバコが肺ガンを引き起こすと完全には証明しきれないのである。

1）〜3）がすべて満たされてはじめて、因果関係が成立するのである。原因分析する際にはこれら3つについて十分に検討し、因果関係を捉えていかなければならない。特に3）は見過ごされてしまいがちであるので注意すべきである。

（2）他者を通した情報収集をジャマするもの

①受け入れるに足るかどうかの検証

あなたは、どういう基準で周囲の人がいったことを受け入れているだろうか。他者の主張を受け入れるには、ある程度の裏付けが必要である。単なる意見では、同意するに値しない。そうすると、私たちには受け入れるかどうかの基準が必要となってくる。

例えば、下記のような例で考えてみよう。

次の文章は、ニューヨーク・タイムズの科学別冊『サイエンス・タイムズ』（1989年8月22日）に掲載された記事を一部改良したものである。

「1984年の5ヵ月間に、ニューヨーク市の高層マンションからネコが落ちた事故のうち、何階から落ちたかという獣医師の記録があるのは129匹である（2階～32階）。うち、死亡は8匹だったが、驚くべきことに、階が高いほど生存率も高いという事実が判明した。7階以上から落ちたネコ22匹のうち死んだのは1匹だけで、骨折したのも1匹だけだった。

なぜ高階層から落ちたネコのほうが生存率が高いのか。獣医師の説明によると、ネコは落ちると『終端速度』（それ以上速くならない最高落下速度）に速やかに達する。それは時速60マイルで、人間の大人の終端速度の半分である。この終端速度に達するまでは、ネコは脚を突っ張って抵抗するので、着地したとき怪我をしやすい。しかし終端速度に達した後は、ネコはリラックスし、脚をムササビのように広げるので、空気抵抗が高まり、着地時に衝撃が均等に分配されるのである」。
（出典：『心理パラドクス』三浦俊彦著／二見書房。P46 から一部加筆修正し抜粋）

この記事は正しいといえるだろうか。もし誤りだと思うのであれば、どこに問題があるだろうか。

上記の記事は、一見説得力があり、受け入れてしまいそうになる。しかし、次の2つの観点に注意して見てみよう。

●統計データ

数字を具体的に示すことにより、説得性を増すことができる。しかし、その統計データの出所はどこか、きちんとした統計のとり方をされているのかというところに注意すべきである。

〔チェックポイント〕
・統計データは誰が取ったものか
・データの母数に偏りはないか
・データのサンプル数は信頼に足る量であるか

●権威に訴える

権威のある人やものを引き合いに出すことにより、その主張の納得感は当然増す。しかし、信頼性に疑問が残る権威に訴えている場合があるので注意すべきである。例えば、「テレビで国会議員の○○氏がいっていたから間違いない」ということがよく聞かれるが、それだけでは有力な証拠にはならない。こういった場合、以下の点をチェックする必要性がある。

〔チェックポイント〕

・専門知識や経験があるか（権威と主張の関連性）
・自由に発言できる立場であるか

この２つの観点に気をつけて前記の文章を見てみると、どうであろうか。まず注目すべきは、この統計をとったのが獣医師であることである。この場合、獣医に連れてくるネコはどういうネコであろうか。怪我をしているように思えるネコである。低層階から落ちて、全然怪我をしているように見えなかったネコは統計に含まれていないのである。さらに、高層階から落ちて即死してしまったネコも同様である。これらを含んでいない時点で、前提としての統計データが信頼できないものとなり、当然結論も信用するに足りない。

さらに、この記事がサイエンス・タイムズに掲載されたものであることや、獣医師による分析であることなどが、権威への訴えとして影響を及ぼし、深く考えるまでもなく信用してしまうことの一因となってしまっている。

このようなことは日常において頻繁に起こっている。他者の主張を受け入れるにあたっては、ある程度の裏付けが必要なのである。

以下に、物事を受け入れるときに注意すべき典型的なパターンと、その際チェックすべき点を一覧表にした。これらの観点を参考にし、他者の主張を鵜呑みにしないように気をつけたい。

図表2-15　相手の主張を受け入れるかどうかのチェックポイント

主張の分類	内容	チェックポイント
個人の推薦	誰かによる推薦は、その人の価値観や興味によるところが大きいので、ただそれだけでは受け入れるに値しない。専門知識がある場合や、その人の価値観を加味して判断する場合には有効性がある。	・専門知識があるかどうか ・価値観の影響の度合い ・利害関係がないかどうか
	「あの店はすごくおいしいよ！テレビ番組でも取り上げられていたしね」	
個人の経験	個人の経験だけでは、サンプルとするには不十分である。	・他の証拠による裏付けがあるかどうか ・他に応用が可能かどうか
	「営業に行った時に20分間世間話をしたら受注が取れた。だから他の営業マンも20分間世間話をするべきである」	
個人の見解	観察者のバイアスを通して伝えているので、たった一人の見解だけで受け入るときには気をつけたい。	・バイアスにより偏りのある情報になっていないか ・事実と意見を切り分けて確認する
	「○○さんはとっつきにくい人だよ」と言われたとしても、その人特有のバイアスがかかっている可能性がある。	
アナロジー	アナロジー(類推)とは、一方の事物がある性質を持つ場合に他方の事物もそれと同じ性質を持つであろうと推理することである。アナロジーは議論に説得力を持たせることができる一方で、論理を飛躍させてしまう可能性もある。	・対象となるものや現象とかけはなれたものになっていないかどうか
	「君は馬に似ているね。さぞかし足も速いんだろうね」	
直感	豊富な経験や知識がある人の直感であれば受け入れるに足ることはあるが、この直感のみに頼っているような主張は信頼性を判断しかねる。	・他に証拠はあるかどうか ・豊富な経験や知識に基づいているかどうか
	「ピンときたので○○を採用しよう」	
規則・秩序	規則や秩序があると無条件に従ってしまう傾向がある。時にはその規則や秩序についていったん立ち止まって考える必要がある。	・その規則や秩序は合理的なものかどうか
	「こういう決まりになっております」と言われてしまい、考えずに無条件に受け入れてしまう。	

統計データ	数字を具体的に示すことにより、説得性を増すことができる。しかし、その統計データの出所はどこか、きちんとした統計のとり方をされているのかというところに注意すべきである。	・統計データは誰がとったものか ・データの母数に偏りはないか ・データのサンプル数は信頼に足る量であるか
	「当予備校は△△大学合格率は○％」といったうたい文句は、どの確率を指してそう言っているのかをきちんと確認すべきである。途中でやめてしまった人が統計に含まれていなかったり、確実に合格できそうな人しか受験させてもらえないような環境であったりする可能性もある。	
権威への訴え	権威のある人やものを引き合いに出すことにより、その主張の納得感は当然増す。しかし、信頼性に疑問が残る権威に訴えている場合があるので注意すべきである。	・専門知識や経験があるか（権威と主張内容の関連の度合い） ・自由に発言できる立場であるかどうか
	「テレビで国会議員の○○氏が言っていたから間違いない」	

②他者のウソに惑わされないために

　正確に情報を収集するため、すなわち、きちんと観察をするためには、主張に誤りやこじつけ、いわゆる「ウソ」がないかを見極める必要がある。ウソがある主張は当然のことながら受け入れ難い。「ウソ」は、相手に結論を受け入れるよう説得するための"トリック"である。一般的なウソを図表2-16の一覧表に挙げておくので、これらに惑わされないように気をつけたい。

　他者によるウソは、受け入れる側が意識してフィルターをかけなければならない。ウソに惑わされないためには、こういった観点を知っておくことが大切である。

図表2-16　他者のウソに惑わされないために

論　法	内　容
二分法	多くの場合で選択肢が3つ以上あるにもかかわらず、話し手が2つの選択肢しか述べない。
	「郵政民営化に賛成か、反対かを問う選挙である」というように、他の要素も多々あるにもかかわらず、二者択一に単純化してしまう。
曖昧なことば	本来は違う意味で使われるべきものを引き合いに出してくる論法。
	れっきとした窃盗事件を、"万引き"という言葉で表現することによりその犯罪性を弱い印象にしてしまう。
人身攻撃	話の中身についてではなく、"人そのもの"に対して攻撃すること。
	「あなたはおおざっぱな人なので信用できない」などと相手そのものについて責めたてる。
世論への訴え	本当にそうであるかどうかは別にして、大勢の人が認める考えであることを訴える方法。
	"〜は既に多くの家庭で一般的に使用されているので"といった言い回し。
不適当な一般化	稀な事例を引き合いに出したり、感情に訴えたりしながら、不適当に一般化することにより相手を口説こうとする。
	「株で儲けている人はたくさんいるよ。あなたがやっても間違いなく儲かるよ。投資しましょう！」
完璧の要求	提案しても合理的に判断せず、問題の一部が残るからといって、その提案は価値のないものだと決めつけてしまう。
	「御社の製品はコスト面で基準に合っていませんね。却下いたします」などと、それ以外の要素を見ることなく決めつける。
雪だるま式論法	ある方向に進んでいる話をどんどんそのまま進めすぎてしまう論法。論理の飛躍を誘発する。
	「一ヶ月で1キロ太ったので、10年後には120キロ体重が増える」
わら人形論法	相手が言っているよりもさらに極端なものに言い換えること。
	「もう少し会議で発言してはどうか」という言葉に対して「私がやる気がないとおっしゃっているのでしょうか」と反論する。
無知に訴える論法	自分の主張に対して相手が反論する証拠を提示できないことで結論を受け入れさせる。
	「喫煙が肺ガンの原因となる」という主張を、喫煙が肺がんの原因とならないことを証明できないことを理由に受け入れさせる。
感情に訴える論法	相手の感情を利用して、結論に導こうという論法。
	選挙前に候補者が死亡したりすると、「弔い合戦」と称して後継の候補者が政策そのものよりも情に訴えかけて同情票を集める。

〜参考書籍〜
『質問力を鍛えるクリティカル・シンキング練習帳』M・ニール・ブラウン他著、PHP研究所 P98〜P157

第2章　観察の思考―真実を観る視点とは―

2章のまとめ

(1) 考え方のポイント
- 心理的要因や発信者の意図に惑わされない。
- 偏りなく多面的に物事を捉える。

(2) 陥りやすい失敗
- バイアスによる阻害。
- 他者の主張をそのまま受け入れてしまう。
- ウソに騙されてしまう。

(3) 主なツール
- 4分割マトリックス

【参考文献】

『質問力を鍛えるクリティカル・シンキング練習帳』M・ニール・ブラウン他著／PHP研究所
『心理パラドクス』三浦俊彦著／二見書房
『クリティカル進化論』道田泰司＆宮元博章著／北大路書房
『クリティカルシンキング　入門篇』E.B.ゼックミスタ、J.E.ジョンソン著／北大路書房
『クリティカルシンキング　実践篇』E.B.ゼックミスタ、J.E.ジョンソン著／北大路書房

第3章

発想の思考
―豊かな発想を得るためには―

7つの思考プロセス

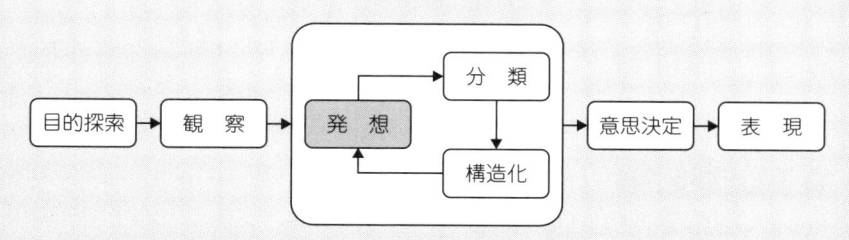

目的探索 → 観察 → [発想] → 分類 → 構造化 → 意思決定 → 表現

> 私たちは自分が天才ではないから、アイデアを生み出すことができ
> ないと諦めている。しかし実際は考えることを諦めたから、アイデ
> アを生み出すことができないだけなのである。

〔例題〕

　高層ビルのエレベーターはエントランス・フロアで乗るまでに待たされることが多い。何十階というフロアまで上昇し下降してくるのだから待ち時間が相対的に長くなるのは止むを得ない。待ち時間を短くするにはエレベーターの数を増やせばよいのだが、フロアの床面積を狭くすることもできないため限度がある。結局、私たちは高層ビルのエントランス・フロアではエレベーターに乗るまでにしばらく待たされることになってしまう。

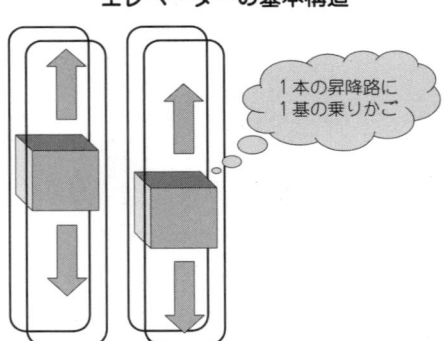

エレベーターの基本構造

（1本の昇降路に1基の乗りかご）

　この問題を解決するためのアイデアを、あなたは発想することができるだろうか。

3章で学ぶこと

　本章のテーマは、発想を豊かにすることである。アイデアが天から降ってくるのをただ漠然と待つのではなく、積極的に思考することで他人とは異なる独創的なアイデアを生み出すための考え方を学習していく。

第3章　発想の思考──豊かな発想を得るためには──

はじめに

　前頁のエレベーターの問題では、ほとんどの人は「私はエレベーターがくるまで待っても構わない」とか「私にはエレベーターに関する専門知識がないから」という理由で考えることすらしない。ほんの少しでも考えれば専門家と同じようなアイデアを生み出すことができる可能性があるにもかかわらず……。

　実際に、筆者は社会人向けの研修でこの事例を考えてもらったことが何度かある。受講者はいずれもエレベーターに関する専門知識はないし、ましてや技術者でもなく事務系の職種が多かった。そのような受講者たちが考えるアイデアの多くは、以下のようなものである。「一人乗りの小さなエレベーターをたくさんつくる。速度を上げてビューンと行ってビューンと帰ってくる。観覧車のように乗りかごをたくさんつけてグルグル廻す。1階から10階、10階から20階と短い区間で往復させる、など」。いずれも専門知識がなくても思いつくアイデアであろう。

　それでは実際にエレベーター専門家のアイデアと比べてみよう。以下は

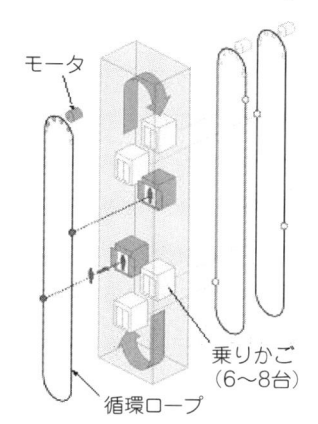

図表3-1　循環式マルチカーエレベーターの駆動原理

（出典：http://www.hitachi.co.jp/New/cnews/month/2006/03/0301.html）

2006年3月の株式会社日立製作所によるニュースリリースからの抜粋である。

「日立製作所はエレベーターの待ち時間短縮や混雑緩和に向け、輸送力を大幅に改善する『循環式マルチカーエレベーター』の基本駆動技術を開発しました。本技術は通常のエレベーター2基分の昇降路内で多数の乗りかごを循環させて運行する新しい方式です。」

驚くことに受講者が考えた「観覧車のように乗りかごをたくさんつけてグルグル廻す」と同じである。もちろん、現実に受講者が循環式マルチカーエレベーターを開発することは技術的に不可能ではあるが、専門知識がなくても専門家と同等のアイデアを生み出すことが可能であることはおわかりいただけたことと思う。

1. 発想の思考の必要性

「あなたは発想が豊かですか」。このような質問を受けたとき、あなたならどう答えるだろうか。おそらく、「自分は発想が乏しいほうである」と答える人が少なくないだろう。統計的な裏付けがあるわけではないが、多くの人が発想に対して苦手意識を感じているといって間違いないだろう。また、なかには苦手意識を通り越して「自分には発想なんてできない」などと諦めてしまっている人もいるかもしれない。

しかしながら、発想に対して苦手意識をいつまでも抱えていてはビジネスパーソンとしての成長は難しいだろう。そこで、本章によって発想に対する苦手意識を克服することはもちろん、スキルとしての発想技法を習得することで、今まで以上に豊かな発想を得るようにしたい。

2. 発想の思考の考え方

「発想」という言葉を辞書で確認すると、次のような意味のあることがわかる。

◆はっそう【発想】
①思いつくこと。思いつき。
②思いや考えを形に表すこと。
(出典:新村出編『広辞苑』〔第五版〕岩波書店)

　発想という言葉の一般的な定義は上記のとおりである。おそらく、日常生活においては、まさにこのとおりであろう。しかしながら、ビジネスの世界においては単なる思いつきでは困るし、「思いつき」という言葉よりも、むしろ「アイデア」という言葉を使用するのではないだろうか。
　そこで、本書では発想という言葉の意味を上記の意味合いも含めて、以下のように定義する。

◆本書における「発想」の定義
　「数多くのアイデアを得ること」。
　本書における「発想」の定義は、「数多くのアイデアを得ること」である。なぜ、単なる「アイデアを得ること」や「"価値ある"アイデアを得ること」ではないのだろうか。
　その理由は、価値あるアイデアを得るまでのプロセスが大きく関係している。

3. 価値あるアイデアを得るための2つのステップ

　人間の思考には大きく分けて「発散思考」と「収束思考」の2つがあり、価値あるアイデアを得るにはこの2つの思考を効果的に組み合わせなければならない。
　発散思考とはアイデアを生み出す思考である。そのイメージは「こんなアイデアがある。あんなアイデアもある。さらにはこんなアイデアもある」というものだ。つまり、価値あるアイデアだけを生み出そうとするのではなく、価値あるアイデア(玉)や平凡なアイデア(石)を問わずに一気にアイデア

を生み出すのだ。アイデアの質を問わない、良いも悪いも関係ない玉石混交の状態でアイデアを生み出すのである。このイメージからもわかるとおり、発散思考はある種、脳が興奮した状態であり、アイデアを生み出し続けるために突き進む思考といえる。そのため、発散思考のことを別名「Goの思考」とも呼ぶ。

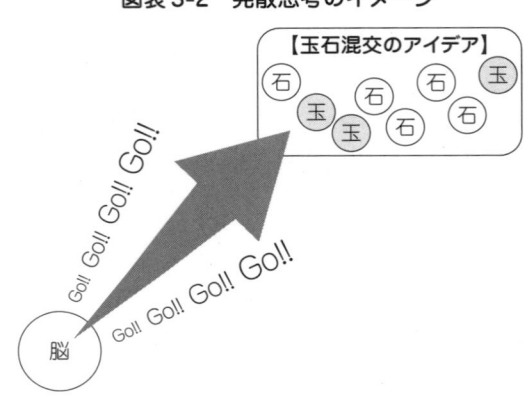

図表3-2　発散思考のイメージ

　一方、収束思考とは生み出したアイデアを評価する思考である。発散思考で生み出したアイデアは玉石混交の状態であるため、そこから玉、つまりは価値あるアイデアだけを取り出すためには、一つひとつのアイデアを評価・検討しなければならない。そのためにも、ある種の興奮状態にある脳を冷静な状態に戻す必要がある。脳が興奮した状態では一つひとつのアイデアの良し悪しを冷静に評価することはできない。突き進み続けた発散思考をいったん中断し、立ち止まって冷静な目で評価・検討することから、収束思考のことを別名「Stopの思考」とも呼ぶ。
　このように発散思考と収束思考は脳の使い方がまったく異なるため、同時に使用してはならない。脳はこの2つの思考を同時に使いこなせるほど器用ではないのだ。そのため効率よく価値あるアイデア"だけ"を生み出そうと

して発散思考と収束思考を同時に使用すると、脳の効率は一気に低下してしまう。結果として、価値あるアイデアはおろか平凡なアイデアすら生み出せなくなってしまう。「急がば回れ」の言葉のとおり価値あるアイデアを得るためには、アイデアの良し悪しを判断することなく一気にアイデアを生み出し続け、その後にじっくりと良し悪しを判断するしかない。まさにこれが価値あるアイデアを得るためのステップである。

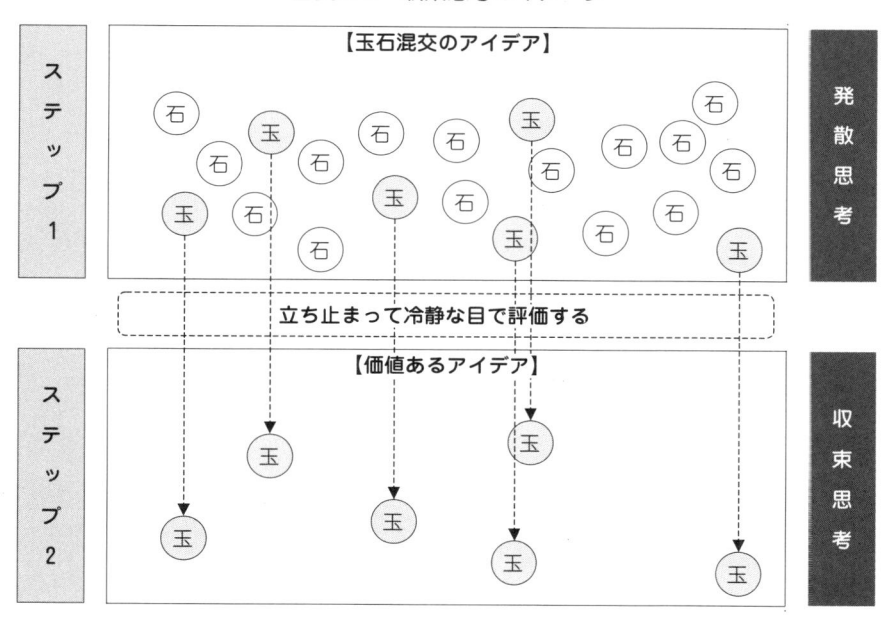

図表3-3　収束思考のイメージ

◆発想の原則
「発散思考と収束思考を同時に使用してはならない」。

以上、価値あるアイデアを得るまでのプロセスが理解できれば、なぜ発想の定義が「数多くのアイデアを得ること」なのかも理解できるだろう。私たちが最終的に欲している価値あるアイデアを得るためには、まずは数多くのアイデアを得ることが重要なのだ。それは一言でいえば「量が質を生む」関

係である。そのため、本章では数多くのアイデアを得るための思考を学習し、続く「分類の思考」と「構造化の思考」で価値あるアイデアを得るための思考（＝収束思考）を学習する。

◆発想の原則
　「量が質を生む」。

図表3-4　発散思考と収束思考の関係

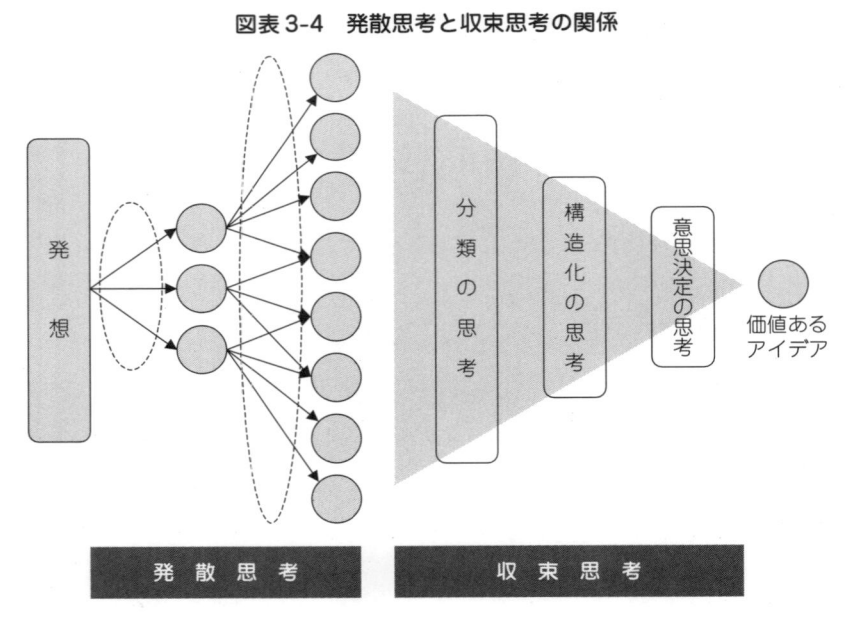

4．発想に対する苦手意識の克服

　本書における発想の定義は前述のとおり、"数多くのアイデアを得ること"である。価値あるアイデアを得るためには、平凡なアイデアも含めて数多くのアイデアを得ることが欠かせないことは、すでに学習したとおりである。
　発想をこのように定義すると、「やっぱり、自分には発想は難しい」と思

い込んでしまう人がいるかもしれない。だが、安心してほしい。人は誰でも発想することができるのである。

◆発想の原則
「**人は誰でも発想することができる**」。
　発想に苦手意識を感じている人は、過去に何かしらの問題に直面したとき、その問題をどう解決するかのアイデアがなかなか得られない、もしくは結果的に何のアイデアも得られなかった、という経験があるのかもしれない。おそらく、そのような経験がある人は、「人は誰でも発想することができる」ということをにわかには信じられなくとも無理はない。
　だが、改めて過去の経験を振り返ってほしい。あなたは過去にアイデアを得ようとしたとき、一体どのような思考を行っていただろうか。ただ漠然とアイデアが天から降ってくるのを待っていなかっただろうか。そもそもアイデアを得るために思考していたのだろうか。
　繰り返すが、人は誰でも発想することができる。厳密にいえば、思考することで誰もが発想することができる。つまり、これから紹介する「発想の思

図表3-5　過去にアイデアが得られなかった原因

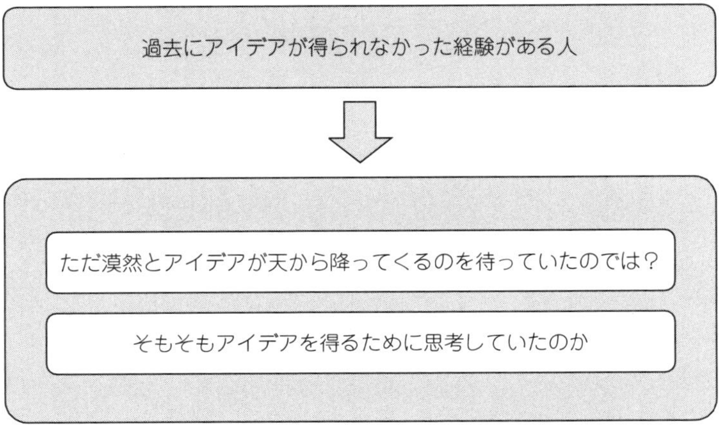

過去にアイデアが得られなかった経験がある人

⇩

ただ漠然とアイデアが天から降ってくるのを待っていたのでは？

そもそもアイデアを得るために思考していたのか

考」を習得することで、今後はただ漠然とアイデアが天から降ってくるのを待つのではなく、自ら積極的に思考することで数多くのアイデアを得ることができるようになる。このことをよりよく理解するために、アイデアを得るために費やす時間と、結果的に得たアイデアの量をグラフで表わしてみよう。

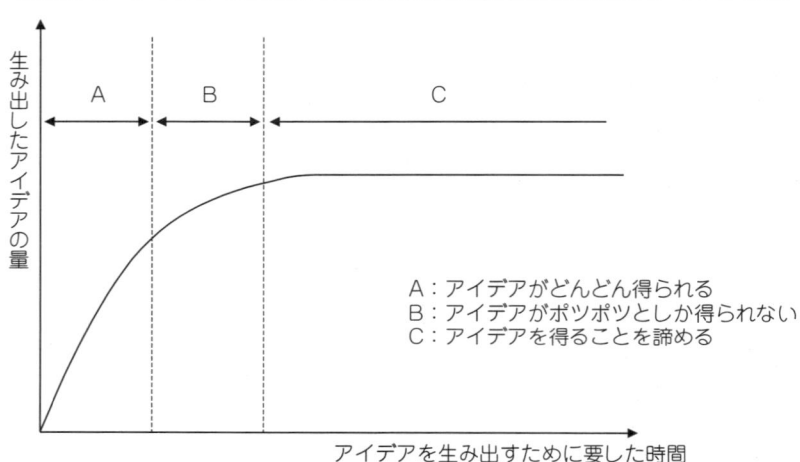

図表3-6　アイデアを生み出すために要した時間と生み出したアイデアの量

A：アイデアがどんどん得られる
B：アイデアがポツポツとしか得られない
C：アイデアを得ることを諦める

　生み出したアイデアの量は別としても、多くの場合は図表3-6のようになるだろう。この考えにもとづけば、アイデアが豊かな人と乏しい人の違いは、図表3-7の①と②のように考えていることと思う。

　たしかに発想の得意不得意によっては、このような差があるのは間違いない。ただし、本書が主張する「思考してアイデアを得る」は、これでは不十分だ。つまり、図表3-7の斜線部分の領域をほとんど経ることなしにC（アイデアを得ることを諦める）の領域に入っては思考しているとはいえない。ほとんど考えなくてもアイデアが得られるAからBの領域に入ったときが勝負の分かれ目である。Bの領域で積極的に考え、図表3-8のように継続的に発想することが大切である。

第3章　発想の思考―豊かな発想を得るためには―

図表3-7　アイデアが豊かな人と乏しい人

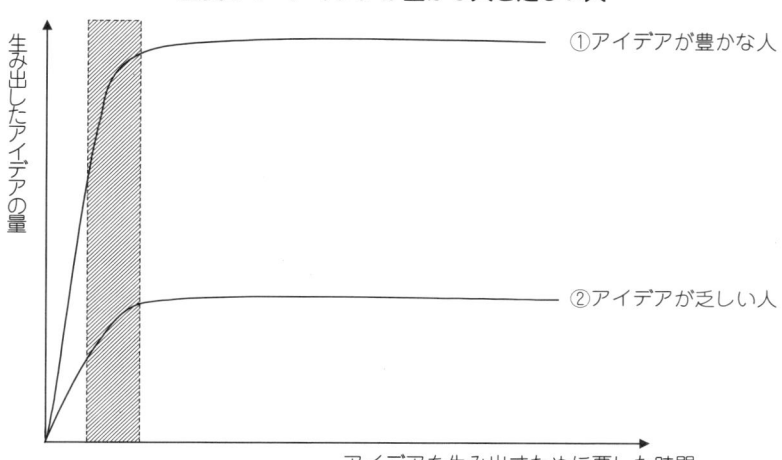

縦軸：生み出したアイデアの量
横軸：アイデアを生み出すために要した時間

①アイデアが豊かな人
②アイデアが乏しい人

図表3-8　思考してアイデアを生み出す

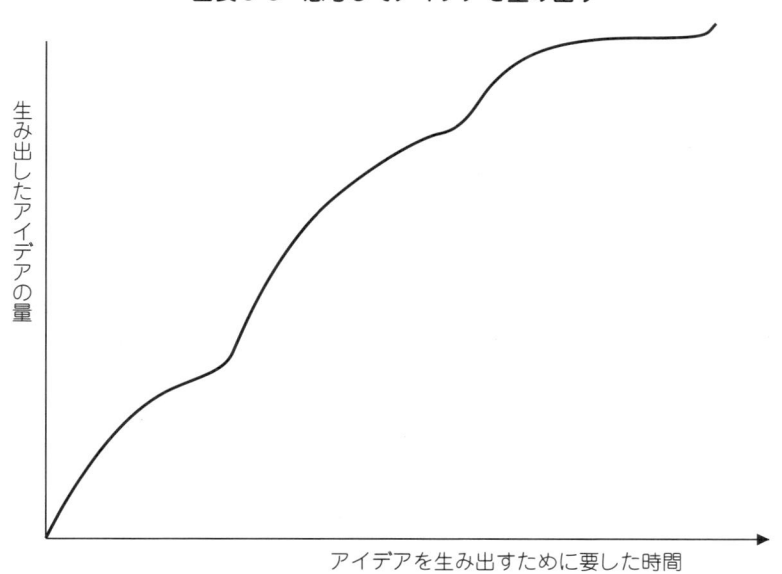

縦軸：生み出したアイデアの量
横軸：アイデアを生み出すために要した時間

5. 数多くのアイデアを得るための下地づくり

　数多くのアイデアを得るには、モノの見方・考え方が偏っていてはならない。モノの見方・考え方が偏っているということは、本来見えるべきモノが見えず、考えられるモノが考えられないということである。このような状態では、数多くのアイデアを得ることができないのは自明の理である。

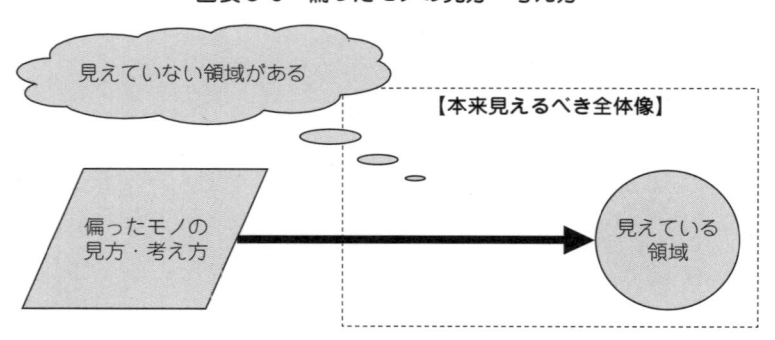

図表3-9　偏ったモノの見方・考え方

　それでは、モノの見方・考え方が偏らないようにするためには、どうすればよいのだろうか。それは単純ではあるが、あらゆるモノの見方・考え方を意識的に行うことである。仮に偏っていることに気づくことができれば、意識的にもう一方の見方・考え方をすればいい。

　しかしながら、話はそう単純ではない。実は、私たちはモノの見方・考え方が偏っていることに気づくことさえほとんどできないのだ。つまり、モノの見方・考え方は無意識のうちに偏ってしまうのである。

　それでは、あなたのモノの見方・考え方が、どの程度偏っているのか検証してみよう。

〔演習問題〕
　「図表3-10の9つの円を一筆書きで最大4本の線で結びなさい」。

第3章　発想の思考―豊かな発想を得るためには―

図表3-10　演習問題

9つの円を一筆書きで最大4本の線で結ぶ

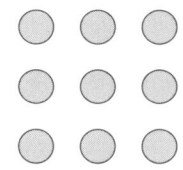

○　○　○
○　○　○
○　○　○

　この問いのポイントは、頭の中にある枠組みをはずして考えることである。例えば、この問題の答えは通常、図表3-11の（1）とされている。しかしながら、先ほどの問いは「最大」4本の線で結ぶことであった。つまり、線は4本なくても構わないのだ。さらにいえば、問いでは「線」で結ぶことが条件であったが、直線で結びなさいとはいっていない。結局、図表3-11（1）だけが答えではなく、図表3-11（2）のように3本の直線で結ぶことはもちろん、図表3-11（3）のように曲線で結ぶことも正解なのだ。ちなみに、極太のペンを使って9つの円を1本の線で結ぶという答えもあり得るだろう。

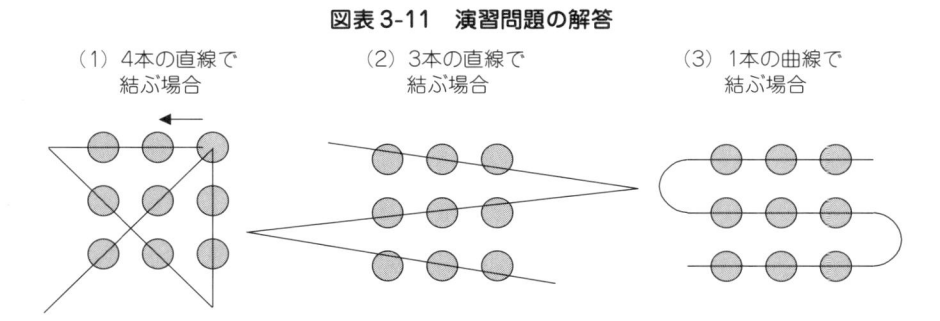

図表3-11　演習問題の解答

（1）4本の直線で結ぶ場合　　（2）3本の直線で結ぶ場合　　（3）1本の曲線で結ぶ場合

　おそらく多くの読者は、このような複数の答えに気づくことはできなかったであろう。それだけ私たちのモノの見方・考え方は偏っているといえるのだ。

図表3-12 モノの見方・考え方を偏らせる"3つのブロック"

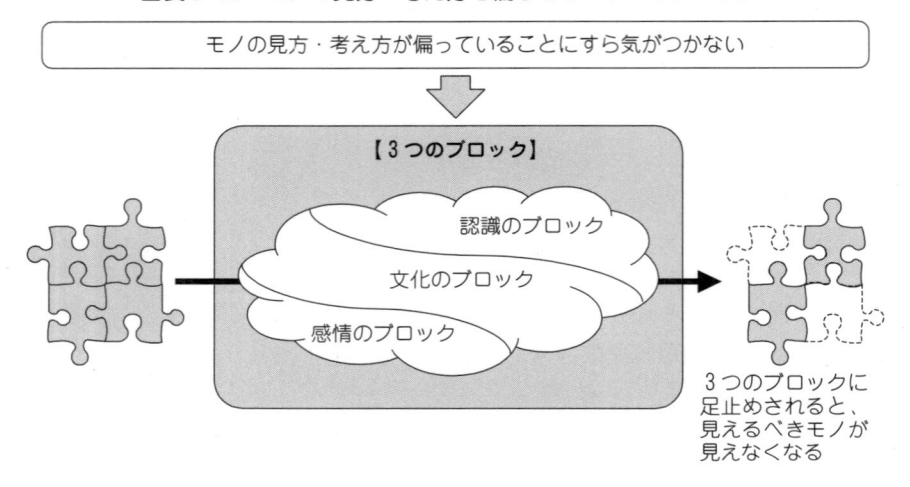

モノの見方・考え方が偏っていることにすら気がつかない

【3つのブロック】
- 認識のブロック
- 文化のブロック
- 感情のブロック

3つのブロックに足止めされると、見えるべきモノが見えなくなる

　なぜ、私たちのモノの見方・考え方は偏ってしまうのだろう。実は、その原因として、私たちの頭の中のある"3つのブロック"が大きく影響していると考えられている。人間は思考するときに誰しも頭の中にあるブロックに必ず突き当たり、そのブロックを通過することができなければ、モノの見方・考え方が偏ってしまうことになる。このブロックは、例えばパスポートを持っていなければ通過することを許されない国境のようなものである。仮にこのブロックを通過できなければスムーズな思考ができず、モノの見方・考え方が偏ることになる。そのため、私たちはブロックで思考を足止めされることなく、思考を自由に行き来させなければならないのである。

（1）認識のブロック

　人間は目の前にある情報をありのまま受け止めるのではなく、自分なりに取捨選択して認知している。例えば電車内には多くの吊り広告がありその内容は多岐にわたるが、私たちはそのすべての情報を受け止めているわけではない。場合によっては、吊り広告の存在は間違いなく視界に入ってきている

ものの、ヘッドホンの音楽に夢中になっていてその存在すら認識していない可能性もある。だが逆に、吊り広告に興味ある内容が載っていれば、その存在は突如として私たちの認識に飛び込んでくる。まさに、私たちは目の前にある情報を選択的に認識しているのだ。自分には興味がなくても重要な情報を見落としてしまえば、結果としてモノの見方・考え方が偏るのは当然だ。

また、仮に情報を認識したとしても、その受け止め方にも気をつけなければならない。私たちは多くの場合、情報を受け止める際に自分なりの解釈を加えている。そのため、情報の本質を考えることなく表面的に解釈したり、自分勝手な価値観で解釈してしまえば、モノの見方・考え方が偏ることになる。

あなたが認識のブロックに足止めされているか否かを図表3-13で試そう。

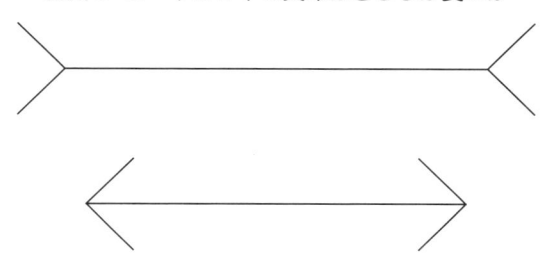

図表3-13　下の2本の矢印はどちらが長いか

実は、上の矢印のほうが長い。

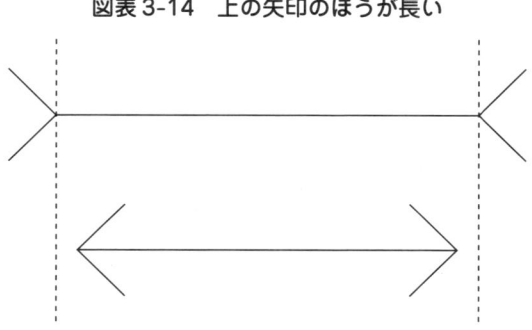

図表3-14　上の矢印のほうが長い

おわかりであろうか。これは、有名な Muller-Lyer の錯視を応用したものである。錯視を知らない人は上のほうが長いと答えただろうが、錯視を知っている人のほとんどは「同じ長さ」と答えたのではなかろうか。同じ長さと答えた人は次のような思考に陥ったと考えられる。「ん？なんだか上の矢印のほうが長く見えるな……。でも、騙されないぞ。上が長く見えるのは目の錯覚だから同じ長さに決まっている。そうだ2本の矢印は同じ長さだ」。このように、第一印象では上の矢印を長く認識したにもかかわらず、錯視という知識が認識を変えさせたのだろう。まさに、認識のブロックに足止めされモノの見方・考え方が偏った結果といえるだろう。

(2) 文化のブロック

私たちは多様な文化の中に身を置いており、それぞれの文化に適合することを周囲から期待される。例えば「郷に入っては郷に従え」「男子たるもの厨房に入らず」という古くからあるものだけではなく、「君も早くこの会社の社風に慣れたまえ」「あなたは典型的なA型だから几帳面なのは仕方ない」などもある。また、周囲から期待されるばかりではなく、場合によっては自ら積極的に適合しにいくこともある。例えば、「"沈黙は金"と昔からいうから何もいわないほうが身のためだ」「自分の性格が大雑把なのはO型だから仕方ない」ということがある。このように文化という"カタ"にはまったり、自ら積極的にはまりにいった経験は誰しも持っていることだろう。

しかしながら、このようなカタにはまったモノの見方・考え方をしていては、豊かな発想が得られるはずもない。

次のような光景が職場で見られることはないだろうか。

職場で作業をしている新入社員がふと手を止めて何か考えごとをしている。その様子を見て上司が檄を飛ばす。「何をボンヤリしているんだ！さっさと手を動かして働け！」この叱責を受けた新入社員は「すみません」といいながら作業を続行する。

もし、この新入社員が本当にボンヤリしているだけなら、この叱責に問題はない。しかしながら、新入社員が作業中に何かの問題に気づいていた場合はどうだろうか。せっかく気が付いた問題を考えていたにもかかわらず、上司から叱責を受けたことで再び作業に戻ってしまえば、その問題は解決されずに放置されることになる。

　まさにこの上司は「手を動かし続けることこそが仕事に真剣に取り組んでいる証拠」というカタにはまった考え方をしているために、それ以外の考えを持つことができていない。まさに、文化のブロックに足止めされモノの見方・考え方が偏った結果といえるだろう。

(3) 感情のブロック

　私たちの意識と行動は、感情に大きく左右されている。例えば、あなたは会議において「内容はさておき、あいつの意見には賛成できない」と考えた経験はないだろうか。もしかしたら「内容はよくわからないが、あの人がいうのだから間違いないだろう」と考えた経験もあるかもしれない。これらはいうまでもなく〝発言の内容〟よりも、〝発言した人〟に対する感情を優先したことの現われといえる。

　この感情を優先した意識と行動は、時に弊害をもたらす。例えば、ここ数年、有名企業を含めて不祥事を隠蔽する事件が後を絶たないが、これらは論理よりも感情を優先した結果であると考えることができる。具体的には、不祥事を隠蔽し続ける担当者は、次のような思考に陥っていたのだろう。

　「(事件や事故が起こった場合に) 大変なことになってしまった。早急に監督官庁などへの報告をしなければ……。でも、このことが公になってしまえば上司が監督責任を追及され迷惑をかけてしまうな。いや、上司だけではない。お世話になった取締役はもちろん、社員全員に迷惑が及ぶかもしれない。そうなったら……。仕方ない、このことは隠し通そう。私が隠し通せば丸く収まるのだ。そうだ、隠し通すしかない」と。

不祥事というと特別な事例と思われるかもしれないが、些細なことまで含めれば私たちは近いことをやった経験があるものだ。例えば、「（仕事でミスが発生して）まいったな、どうしようかな。上司に相談したら怒られるだろうし……。よし、ここはなんとか自分ひとりでなんとかしてしまおう」。これを責任感の現われだと見る向きもあるが、着目してほしいのは、「上司に怒られたくない」という感情を優先した意思決定である。最終的には自らの力でミスを挽回するにせよ、報告・連絡・相談はビジネスの基本である。そのため、この場合でも上司に報告した上で対策を講じるのが筋といえるだろう。

　もうひとつ、感情のブロックの事例を示そう。筆者は仕事柄、多くの企業において研修の講師を担当する。担当する研修内容はさまざまだが、いずれの内容にせよ、次の言葉を受講者に投げかけることが多い。「ご質問はないでしょうか」と。ここで少し考えてみてほしい。あなただったら、質問をするだろうか。

　実は、私が受講者にこの言葉を投げかけても、ほとんどの場合、質問が返えってくることはない。なぜか。もちろん、本当に質問がない受講者もいるだろうが、「みんなの前で質問をしたら講義が理解できなかったことがばれてしまうから黙っておこう」と考える受講者も少なからずいるだろう。つまり、本当は理解していないにもかかわらず、みんなの前で恥をかきたくないという感情を優先させた結果といえる。

　このようにモノゴトの本質を考えることなく感情を優先して意識と行動を決定してしまうと、本質を見誤る可能性が高まるのは想像に難くない。安易に好き・嫌いや快・不快という感情を優先してしまえば、見えるはずの問題が見えなくなり、考えられるはずの事柄が考えられなくなってしまう。まさに、感情のブロックに足止めされモノの見方・考え方が偏った結果といえるだろう。

　以上の3つのブロックで思考を足止めされることなく、思考を自由に行き来させることが、数多くのアイデアを得るための下地作りである。この下地

がなければ、のちほど紹介する発想技法を習得しても数多くのアイデアを得ることはできない。是非、自らの頭の中にある3つのブロックを自由に行き来するためのパスポートを手に入れ、自信を持って「自分はアイデアが豊かである」といえるようになろう。

6. 発想技法の必要性

　数多くのアイデアを得ることは誰しもできるが、そう簡単に得られるものでもない。場合によっては試行錯誤を繰り返すことで数多くのアイデアを得ることもあるが、それは効率的ではない。試行錯誤を繰り返しているうちにアイデアを得ることを諦めてしまったり、運よく得たとしても多大な労力を費やしているかもしれない。また、試行錯誤の結果、運よくアイデアを得た経験が度重なれば、将来的には条件反射的・直観的にアイデアを得ることができるようになるかもしれない。しかし、そのような状態になるまで、どのくらいの年月を費やせばよいのだろうか。

　そこで続いて、どのようにして数多くのアイデアを得るか、ということについて解説する。ただ闇雲に思考するのではなく、積極的・能動的に多くのアイデアを得るための技法である発想技法を習得することで、今まで以上に効率的に多くのアイデアを得ることにしよう。

　発想技法は、次の3種類に分類することができる。
①自由連想法
　あるテーマについて思いつくままに自由に連想する"自由連想"を活用してアイデアを得る技法。
②強制連想法
　連想の範囲を強制的に制限して思考を集中させる"強制連想"を活用してアイデアを得る技法。
③類比法

異なる2つ以上の事象の間にある何らかの同一性（機能、性質、構造等）を見い出すことによって、アイデアを得る技法。

図表3-15　3種類の発想技法

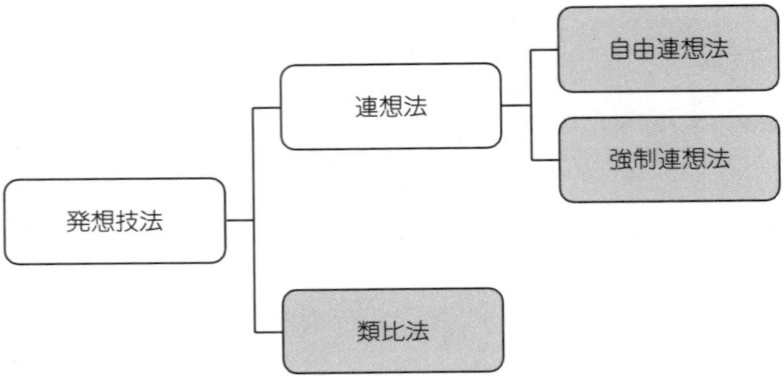

```
発想技法 ─┬─ 連想法 ─┬─ 自由連想法
          │          └─ 強制連想法
          └─ 類比法
```

以降、それぞれの発想技法について解説する。

7. 発想技法

ここでは連想法（自由連想法、強制連想法）および類比法の中でも使用頻度の高い技法を中心にいくつか紹介する。

(1) 連想法

連想とは、ある概念から他の概念を次々と思いつく脳の働きを意味する。私たち人間は、"連想"という頭の働きを持っている。あるモノやコトを見たり聞いたり、触れたり、においを嗅いだり、つまり五官から情報を取り込んだ途端に、それとは別のことが頭に思い浮かぶ。哲学者アリストテレスは、これを「連想の法則」と名づけ「反対」「接近」「類似」の3つに分類したが、本書では「具体」「抽象」の2つを加えて5つに分類する。

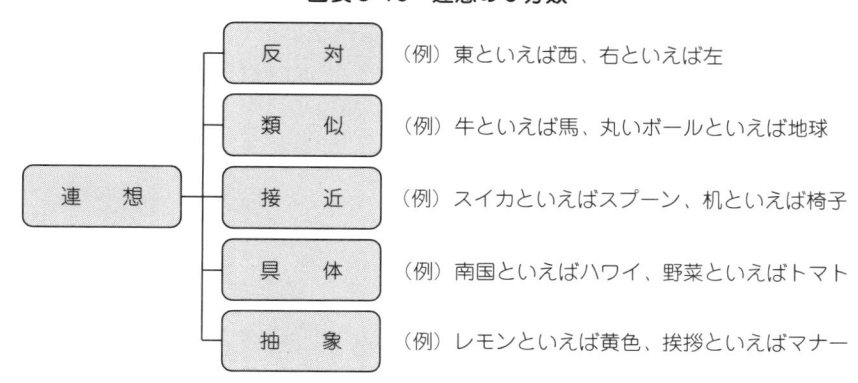

第3章 発想の思考—豊かな発想を得るためには—

図表3-16　連想の5分類

- 反　対　（例）東といえば西、右といえば左
- 類　似　（例）牛といえば馬、丸いボールといえば地球
- 連　想 ─ 接　近　（例）スイカといえばスプーン、机といえば椅子
- 具　体　（例）南国といえばハワイ、野菜といえばトマト
- 抽　象　（例）レモンといえば黄色、挨拶といえばマナー

①自由連想法

　自由連想法とは、あるテーマについて思いつくままに自由に連想する「自由連想」を活用する技法である。ここでは、自由連想法の中でも最も代表的なブレイン・ストーミング法（以下、BS法）を紹介する。

　1）BS法の基本

　BS法は、米国の広告代理店BBDO社のA・F・オズボーンが考案し、自由連想法の中でも最も基本的な技法である。おそらく、BS法によるアイデア創出をしたことのない人でも名称は聞いたことがある、という人は少なくないだろう。しかしながら、技法の考え方や規則までもが、その名称と同じくらいに浸透しているとは言い難い。誤った技法の考え方や規則に基づきBS法を使用してしまい、アイデアがほとんど得られないというケースも見聞きする。このような経験を持つ人には、BS法がアイデアを得るのに有効であるということをにわかには信じられないだろうが、正しく活用することによって得られるアイデアの多さに、考えを改めることになるだろう。

　BS法は5～8名のメンバーで行う集団技法である。私たちは3つのブロックの存在を認識しても、モノの見方・考え方の偏りを正すことは現実的に困

難を伴う。そこで、複数のメンバーが多様な視点からアイデアを出し合うことでお互いの偏りを補い合い、全体として偏りをなくそうというものだ。

ちなみにBSという名前は、脳（ブレイン）から発想する対象に向かって強襲する（ストーミング）ことに由来する。

2）BS法の4つの規則

次に挙げる4つの規則を守れなければBS法本来の効果を得ることはできないので、これら4つの規則は、是非しっかり守っていただきたい。

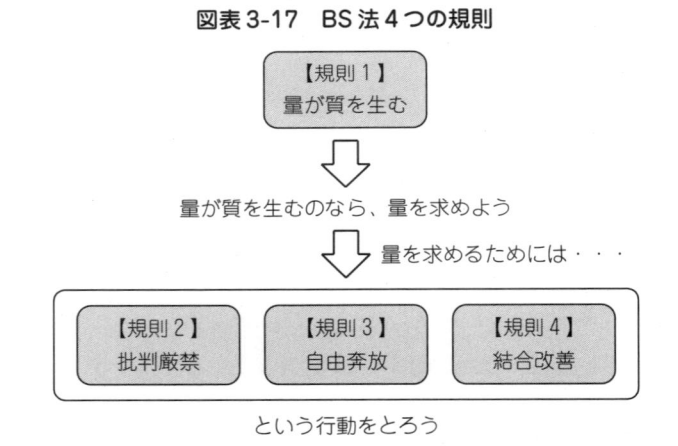

図表3-17　BS法4つの規則

```
       【規則1】
       量が質を生む
           ↓
  量が質を生むのなら、量を求めよう
           ↓  量を求めるためには・・・
 【規則2】    【規則3】    【規則4】
 批判厳禁    自由奔放    結合改善

        という行動をとろう
```

規則1：量が質を生む

「価値あるアイデアを得るための2ステップ」でも説明したとおり、価値あるアイデアを得るための最初のステップは、アイデアの質の良し悪しを問わない発散思考である。「量が質を生む」の大原則に立ち、とにかくたくさんのアイデアを出すことが大切である。そのためにも連想を大いに活用してもらいたい。

規則2：批判厳禁

メンバーが出したアイデアは、決して批判してはならない。批判が起こるとそれだけで「こんなアイデアはバカにされるだろうから発言するのはやめ

ておこう」という感情を引き起こす。いわゆる感情のブロックに足止めされてしまい脳の効率が一気に低下してしまう。このような消極的な感情が生まれてしまっては、数多くのアイデアを得ることは望めない。そのため、発言はもちろん、表情や態度においても決して批判をしないことが大切である。

　規則３：自由奔放

　アイデアを得るには、先入観や固定観念にとらわれない自由な発想が必要である。思いついたアイデアは、すさかず口に出さなければならない。そのためには批判厳禁の規則を自分自身に対しても適用することが必要だ。思いついたアイデアに対して、「これはちょっと違うだろうからいわないでおこう」と自分の頭の中で批判するのは間違いである。思いつくまま自由奔放に発言することが大切だ。

　規則４：結合改善

　メンバーから出てきたアイデア同士を結びつけたり、アイデアそのものを練り上げることで新たなアイデアを得ていくのである。人は記憶の奥底に眠っている情報を引き出すことは普段あまりないが、ある刺激を受けるとそれが突如として引き出されることがある。この原理を応用したのが結合改善である。メンバーのアイデアをヒントにして、一人では引き出すことができなかった記憶の奥底にある情報を引き出し、または一人では気づかなかったモノの見方・考え方によって新たなアイデアを得ることができる。

　以上がBS法の４つの規則である。この規則は次のように整理して是非しっかりと覚えてもらいたい。

　アイデアは量が質を生む。それならば「量を求めよう」。そのためには「批判厳禁」「自由奔放」「結合改善」という行動をとろう。

②強制連想法

　強制連想法とは、連想の範囲を強制的に制限して思考を集中させる"強制連想"を活用する技法である。

強制連想法は自由連想法とは異なり、ある制約のもとで連想を行う。それによって思考を集中させることができ、より具体的なアイデアを得ることができるのが特徴である。例えば「新しい携帯電話のアイデア」について「形を変えてみたら？」「老人向けのアイデアは？」「素材を変えてみたら？」といった具合に考える方向を示して連想を行う（自由連想法では特にヒントは使わず「新しい携帯電話のアイデアを思いつくまま出して下さい」ということで連想を用いて次々とアイデアを出していく。「充電の必要がない」「電波時計を搭載している」「全家電製品のリモコンにもなる」という具合である）。
　ここでは、強制連想法の中でも属性列挙法、チェックリスト法、欠点列挙法、希望点列挙法の4つを紹介する。

　1）属性列挙法
　属性列挙法は、米国ネブラスカ大学教授のR・P・クロフォードが考案した技法であり、あるモノやコトの属性を改良・改善するためのアイデアを得る際に適している。ここでいう属性とは、モノやコトが持っている固有の要素・性質などをいう。
　モノやコトは全体として問題点がないかを見るだけでは、その細部にまでは目が行き届きづらい。ところが、それを構成する要素で分解していくと、その数の多さと内容の複雑さに驚かされるとともに問題点が発見しやすくなる。また、要素で分解するコトによって、モレやオチを防ぐことができるメリットもある。つまり、属性列挙法とは、「問題を細かくするほどアイデアが出やすくなる」という考えに基づいて開発された技法であるといえる。

〔属性列挙法の活用例〕
◆新しい"扇風機"の開発
・名詞的属性
　全体：扇風機

部品：前ガード、羽根、羽根用バネ、六角ナット、調整つまみ、リモコン、コード、インジケーターパネル、モーターなど

材料：アルミ、プラスチック

製法：プレス、溶接

・形容詞的属性

性質：軽い、重い

状態：背が高い、伸び縮みする、汚い

・動詞的属性

機能：風を送る、首を横に振る

　扇風機という簡単な工業製品であっても、これだけの属性がある。この属性の一つひとつについてアイデアを出していく。羽根について改良点はないか。汚れにくくするには？送風を強力にするには？などである。「扇風機を改良するには？」と漠然と考えるよりも、ずっといいアイデアが生まれることがわかるだろう。

2）チェックリスト法

　多くの人は海外旅行に行く際、忘れ物をしないように持ち物のチェックリ

図表3-18　オズボーンのチェックリスト

1．ほかに使い道はないか
2．応用できないか
3．変更したらどうか
4．拡大したらどうか
5．縮小したらどうか
6．代用したらどうか
7．再配列したらどうか
8．逆にしたらどうか
9．結合したらどうか

ストを作成した経験があるだろう。それと同様に、アイデアを得ようとする際にチェックリストに基づいて、1つずつ確認しながら思考していく方法がチェックリスト法である。チェックリストの種類は職種やテーマの違いにより膨大な数に及ぶが、ここでは代表的なものを1つ紹介する。

オズボーンのチェックリストを用いて生み出されたと考えられるアイデアは、図表3-19のとおりである。

このように、ヒントとなるモノやコトに対して半ば強引にでもチェックリストに基づいて考えてみれば、素晴らしいアイデアに巡り合うことができる

図表3-19　アイデア一覧

オズボーンのチェックリスト
1．ほかに使い道はないか
→　肩や腰に貼るサロンパスを足の甲と裏に貼って足のむくみをとることを提案した「休足時間」
2．応用できないか
→欧州では一般に普及していた立ち飲みコーヒーを日本に導入し成功した「ドトールコーヒー」
3．変更したらどうか
→「アロエヨーグルト」の容器をカップ型からパウチ型に変更して歩きながらでも手軽に食べられるスタイルを提案
4．拡大したらどうか
→　高速道路のサービスエリアで巨大な「プリッツ」を販売
5．縮小したらどうか
→　世界の観光名所を小さくして一箇所に集めた「東武ワールドスクエア」
6．代用したらどうか
→　生身のペットの代用である「たまごっち」
7．再配列したらどうか
→　従来は一番下にあった野菜室を中心に配列した冷蔵庫「野菜中心蔵」
8．逆にしたらどうか
→　デフレ時代に低価格路線を追求して成長したマクドナルドに対抗して高級路線を追求した「モスバーガー」
9．結合したらどうか
→　テレビとビデオを結合した「テレビデオ」

かもしれない。

3）欠点列挙法

　欠点列挙法は、米国ゼネラル・エレクトリック社の子会社であるホットポイントで考案された技法であり、あるモノやコトを"改善"するためのアイデアを得る際に適している。ここでいう欠点とは、不都合、不便、不具合、不備、問題点、短所、悩みなどを指す。

　私たちはモノやコトが持つ多少の欠点を当たり前のこととして受け止め、欠点を欠点として認識していないことがある。また、ある人にとっての欠点が別の人にとっても欠点であるとは限らない。そのため、BS法を活用するなどして、どんな小さな欠点であっても列挙していくことで意外な欠点に気づくことができる。欠点などないと思われていたモノやコトであっても、依然多くの欠点があるものだ。こうして得られた数々の欠点は認識して終わらせるのではなく、しっかりと改善策を見つけなければならない。この改善策こそが当初のモノやコトを改善するためのアイデアになるのである。

　なお、この技法は欠点という具体的な克服目標があるため、得られるアイデアは現実的なものであることが多く、これが「改善型」のアイデアを得る際に適しているという理由でもある。

4）希望点列挙法

　希望点列挙法は、米国ゼネラル・エレクトリック社の子会社であるホットポイントで考案された技法であり、あるモノやコトを"革新"するためのアイデアを得る際に適している。ここでいう希望点とは、期待、願望、夢、理想などを指す。イメージとしては「こうありたい」「〇〇だったらいいのに」ということである。

　偉大な発明や発見は、夢や理想などから生まれることが多い。また、現状をもっと魅力的で新しいものに変えていくときにも、その出発点が希望や理

想のイメージであることが少なくない。希望点列挙法は、まさにこれを活用するものである。希望点を列挙する際には、BS法を活用することもできる。なお、希望点列挙法は現実から離れて理想を設定するため、常識の壁を打ち破るようなアイデアを得ることができる。これが「革新型」のアイデアを得る際に適しているという理由である。

欠点列挙法と希望点列挙法は、お互いに補完する関係にある。商品を企画・開発する場合などでは、両方の技法を実行するとよいだろう。

なお、欠点や希望点を列挙する際には、単に過去の記憶を引き出すだけでは不十分であることは注意したい。人間には"想像（imagination）する力"

図表3-20　再生的想像と創造的想像

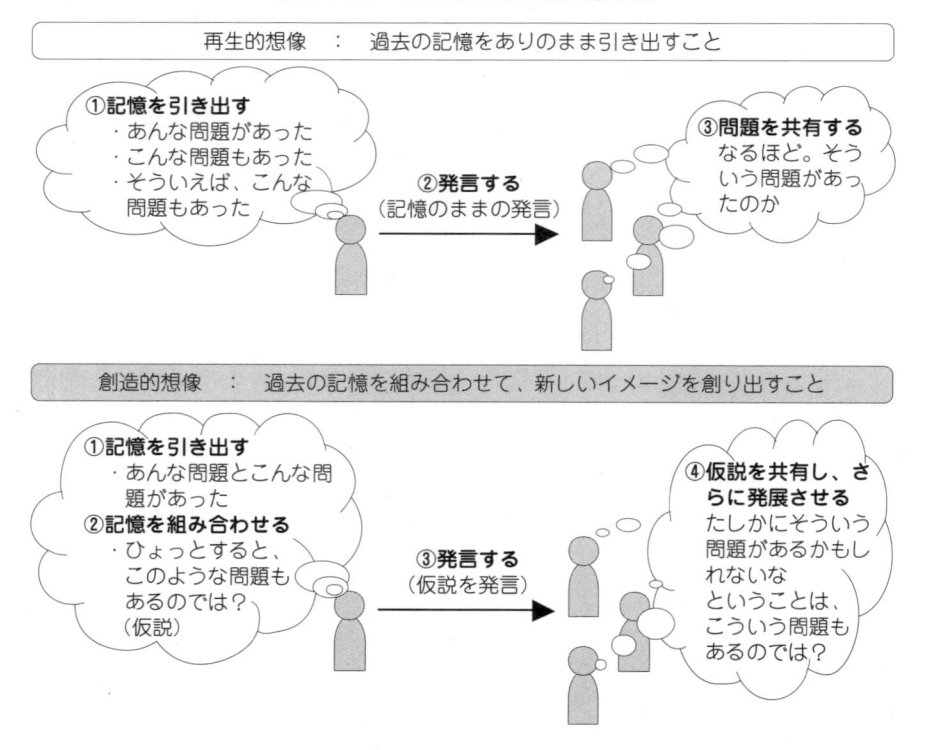

再生的想像　：　過去の記憶をありのまま引き出すこと

① 記憶を引き出す
　・あんな問題があった
　・こんな問題もあった
　・そういえば、こんな問題もあった

② 発言する
（記憶のままの発言）

③ 問題を共有する
なるほど。そういう問題があったのか

創造的想像　：　過去の記憶を組み合わせて、新しいイメージを創り出すこと

① 記憶を引き出す
　・あんな問題とこんな問題があった
② 記憶を組み合わせる
　・ひょっとすると、このような問題もあるのでは？
　（仮説）

③ 発言する
（仮説を発言）

④ 仮説を共有し、さらに発展させる
たしかにそういう問題があるかもしれないな
ということは、こういう問題もあるのでは？

がある。物理学者A・アインシュタインがいうように、「知識は糧としてなくてはならないものであるが、想像力はもっと大切なもの」である。自分が持つ記憶同士はもちろん、自分と他人の記憶を組み合わせて、「こういう問題もあるのでは？」という新たなイメージを創り上げるために、想像力を最大限に活用していきたいものである。

◆再生的想像：過去の記憶をありのまま引き出すこと
◆創造的想像：過去の記憶を組み合わせて、新しいイメージを創り出すこと

(2) 類比法

　類比法とは、異なる2つ以上の事象の間にある何らかの同一性（機能、性質、構造など）を見い出すことによってアイデアを得る技法である。強制連想法の延長線上にある技法ともいえる。

　私たちは、あるモノやコトを別の何かに例えたり、それに近いものを参考にすることで新たな視点を得ることがある。思考の方向性を定めて行うという意味では強制連想法と共通するが、「あるテーマと本質的に類似した概念を用いる」という点で異なる。ここでいう「本質的」とは、単に外見的に類似しているということではない。モノを例にとれば、そのモノが持つ機能のことを指す。

　類比法は強制連想法に比べるとアイデア創出の枠組みが多少狭くなるが、「あるテーマと本質的に類似した概念」を用いることで、より効率的なアイデア創出が可能になる。ここでは、類比法の中でもゴードン法、NM法の2つを紹介する。

①ゴードン法
　ゴードン法は、類比を活用した初めての発想技法であり、米国の経営コンサルティング会社アーサー・D・リトルのW・ゴードンが考案した。

斬新なアイデアを得るには3つのブロックで足止めされることなく自由に思考する必要があるが、それはなかなか難しい。そこで、メンバーには真のテーマを知らせないことで、自由に思考させる技法が考案された。それがゴードン法である。この技法はリーダーと数名のメンバーで実施するが、特にリーダーが重要な役割を果たす。

　この技法のポイントは、テーマ設定である。真の課題を解決するのに最適な抽象度の高いテーマを考え出さなくてはならない。そのコツは、そのモノが持つ機能をよく考えることである。機能を抽象的なキーワードになるまでブレイク・ダウンしていくことが必要である。

　また、この技法の特色は、メンバーが真のテーマを知らずに発想するということである。メンバーはテーマを知らないからこそ、新しい視点で自由に発想できるといえる。そのため、既存の改良型ではなく抜本的解決が必要な

図表3-21　ゴードン法の手順

1. **リーダーは真の課題から抽象的なテーマを考え、それをメンバーに提示する**
   新しい食器洗い機の開発を考える。食器洗い機の抽象的なテーマを考え、メンバーに提示する。「食器洗い機は食器を洗う道具→食器の汚れを落とす→食器から汚れをとる」というように、「汚れをとる」というテーマだけをメンバーに提示する。

   ↓

2. **メンバーは与えられた抽象的なテーマから自由に類比していく**
   「○○のように汚れをとる」と考え、掃除機のように汚れをとる、歯ブラシのように汚れをとる、テープを使って汚れを貼り付けてとる、消しゴムを使って汚れをとる、ホースで水を勢いよくかけて汚れをとる、紙やすりで汚れを削り落とす、などのアイデアを出す。

   ↓

3. **いくつかのアイデアが得られたところで真の課題と強制的に結びつけ、検討する**
   ブラシでこすって食器の汚れをとれないか、テープで汚れを貼り付けてとれないか、消しゴムで汚れをこすり落とせないか、ホースで水を勢いよくかけて汚れを落とせないか、紙やすりで汚れを削り落とすことはできないか、などを検討する。

テーマには、ゴードン法が適しているといえる。

　なお、現在ではゴードン法は発展的解消をし、そのノウハウはシネクティクス法へと引き継がれ、主として欧米で活用されている（シネクティクス法については、図表3-24を参照）。

② NM法

　NM法は物理学、創造工学の専門家である中山正和氏が考案した技法である。中山氏の頭文字からNM法と名づけられた。

　NM法は類比の例を見つけ出し、それをヒントにしてアイデアを創出する。手順が明確であるため、比較的誰でも簡単に活用することができ、特に商品開発などに用いられる技法である。

　NM法の手順と事例を図表3-22、3-23のとおり提示する。

　なお、その他の発想技法をいくつか図表3-24に示しておくので、参考にしてほしい。

図表 3-22　NM 法の手順

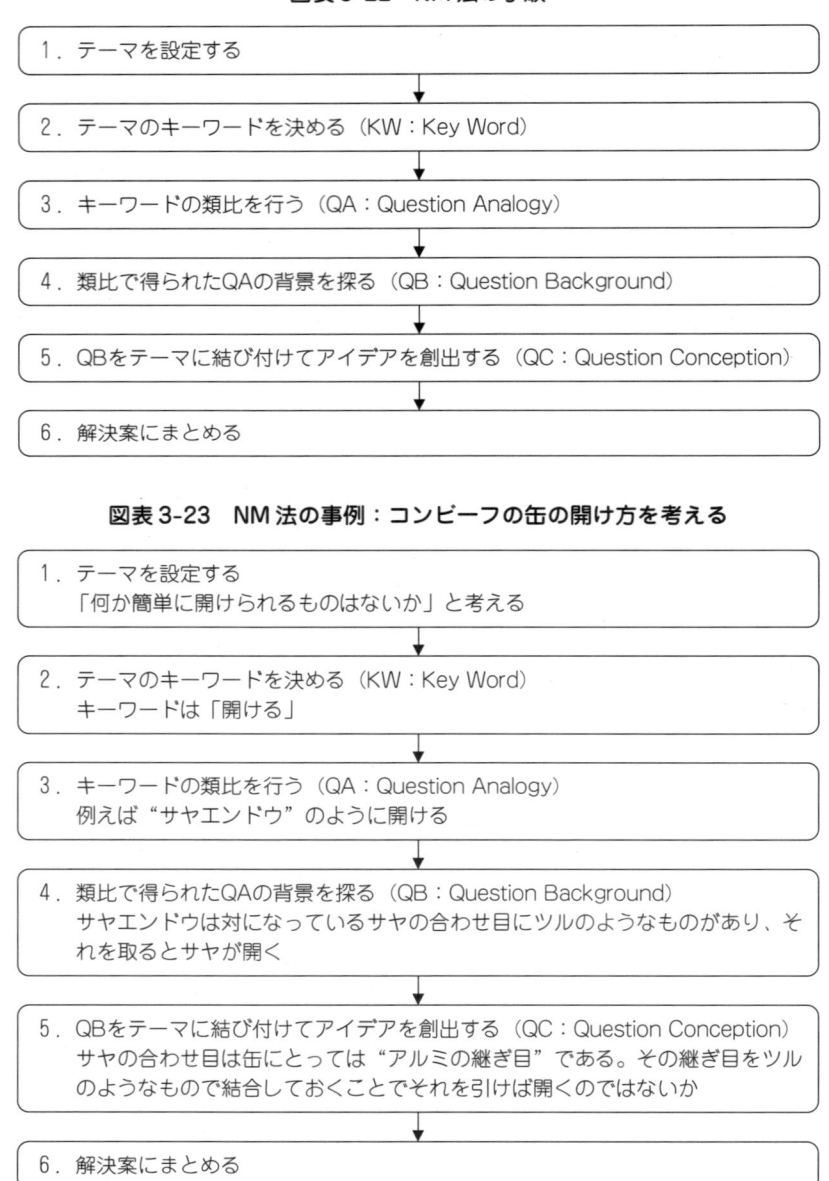

1. テーマを設定する
2. テーマのキーワードを決める（KW：Key Word）
3. キーワードの類比を行う（QA：Question Analogy）
4. 類比で得られたQAの背景を探る（QB：Question Background）
5. QBをテーマに結び付けてアイデアを創出する（QC：Question Conception）
6. 解決案にまとめる

図表 3-23　NM 法の事例：コンビーフの缶の開け方を考える

1. テーマを設定する
   「何か簡単に開けられるものはないか」と考える
2. テーマのキーワードを決める（KW：Key Word）
   キーワードは「開ける」
3. キーワードの類比を行う（QA：Question Analogy）
   例えば"サヤエンドウ"のように開ける
4. 類比で得られたQAの背景を探る（QB：Question Background）
   サヤエンドウは対になっているサヤの合わせ目にツルのようなものがあり、それを取るとサヤが開く
5. QBをテーマに結び付けてアイデアを創出する（QC：Question Conception）
   サヤの合わせ目は缶にとっては"アルミの継ぎ目"である。その継ぎ目をツルのようなもので結合しておくことでそれを引けば開くのではないか
6. 解決案にまとめる

図表 3-24　その他の発想技法

自由連想法	**ブレイン・ライティング法** ブレイン・ライティング法は、全員が無言で発想を行う技法である。"沈黙のBS法"ともいわれるし、「6人の参加者が、3つずつのアイデアを、5分ごとに考え出す」ということから「6・3・5法」とも呼ばれる。 具体的にテーマを決めたら、各メンバーに用紙を配布する。メンバーは自分の用紙に、そのテーマに関するアイデアを3つ記入する。次に、用紙を隣のメンバーに渡すとともに、渡された用紙に記入されている3つのアイデアをそれぞれ発展させたアイデアを記入する。この手順を繰り返して用紙が一巡したら評価・まとめを行う。 この技法は、発言者が偏ったり、メンバーの発言により思考が妨げられることがないという特徴がある。また、発想した本人が用紙に記入するためニュアンスが変わることもない。
強制連想法	**マトリックス法** マトリックス法は、発想の切り口を絞り込むための技法である。対象となるテーマの主な変数を2つに絞り、表の縦と横に書き込む。次に各変数ごとに要素を洗い出し、それらの組み合わせを用いて現状を分析したり、問題点を明らかにする。テーマが大まか過ぎるときなどはマトリックス法を用いることで、適切な方向性を見つけ出すことができる。 **焦点法** 焦点法はレンズを通すと光が焦点に集まるように、設定した刺激や情報のすべてをテーマ解決に関連づけてアイデアを得る技法である。例えば、ある商品のキャッチフレーズを考える場合、その商品のイメージや連想だけでは、なかなか突飛で面白いアイデアを発想することはできない。そこで"人が興味をもっているものは何か"を考え、ランダムに選び出した要素を強制的に結びつけ、新しいアイデアを得るのである。
類比法	**シネクティクス法** シネクティクス（Synectics）とは「異なった、一見関連のなさそうな要素を結びつける」という意味をもたせたギリシア語風の造語である。一つひとつのバラバラなもの（Single→Sy）をコネクションする（Conection→nect）ということ、それにギリシア語の接尾語icsをつけた造語であり、この言葉に方法の意味を含めている。シネクティクス法はNM法のもとになった技法であり、応用分野の大変広い技法である。 シネクティクス法には2つのアプローチがある。 **①異質馴化**（いしつじゅんか） 異質馴化とは「自分にとって初めて見聞きしたものを、自分のよく馴れたものに使えないか」ということを意味する。ブリヂストンの創始者・故・石橋正二郎会長が九州で足袋屋をしていたころ、東京の市電に初めて乗り、料金が5銭均一だったことにヒントを得た。そして、江戸時代以来、文数によって料金が違っていた足袋の料金を均一にしたというエピソードがある。 **②馴質異化**（じゅんしついか） 馴質異化とは「すでによく知っているものを新しい見方をすることにより、異質な観点を探せないか」ということである。顔にあたったサッカーボールから空気入りのタイヤを考え出したというダンロップ社の創始者ダンロップの例は、馴質異化のエピソードとしてよく紹介される。この2つのアプローチの違いがあるにせよ、「本質的によく似たものは何か」を探し出すのがシネクティクス法の特徴である。

3章のまとめ

(1) 考え方のポイント

　豊かなアイデアを得るためには、3つのブロックで思考を足止めされることなく自ら積極的に思考し、「量が質を生む」の原則を貫き通すことが大切である。

(2) 陥りやすい失敗

　①アイデアが天から降ってくるのを期待して、思考することなく、ただ待ち続けてしまう。

　②発散思考と収束思考を同時に使って、思考の効率が低下する。

　③3つのブロックに足止めされてしまい、モノの見方・考え方が偏ってしまう。

(3) 主なツール

　①ブレイン・ストーミング法（BS法）

　②属性列挙法

　③チェックリスト法

　④欠点列挙法

　⑤希望点列挙法

　⑥ゴードン法

　⑦NM法

【参考文献】

『創造力開発セミナー（CTC）』学校法人産業能率大学

『スウェーデン式アイデア・ブック』フレドリック・ヘレーン著／ダイヤモンド社

『スウェーデン式アイデア・ブック2』フレドリック・ヘレーン、テオ・ヘレーン著／ダイヤモンド社

『新編創造力事典』高橋誠編著／日科技連出版社

# 第4章

分類の思考
―物事を分けて考えるには―

7つの思考プロセス

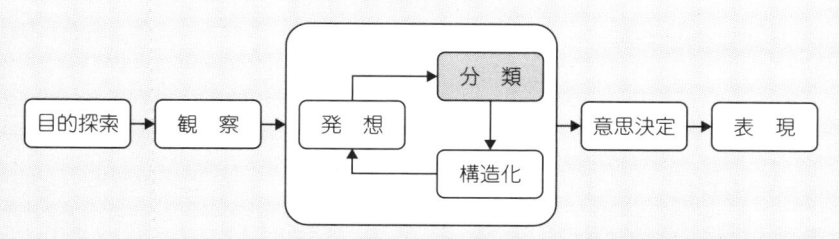

目的探索 → 観察 → 発想 ⇄ 分類 / 構造化 → 意思決定 → 表現

> 私たちは何かというと「違い」を見つけようとする。そして「似たもの同士」をくっつけようとする。机の上の整理整頓は苦手でも、情報の整理整頓は大好きである。

〔例題〕
　下の図の言葉と画像を何らかの基準で2つのグループに分類したとすると、皆さんはどのような分け方をするだろうか。

言葉と画像の分け方

| さる | ささ | バナナ | パンダ |

4章で学ぶこと

　本章で学ぶテーマを一言で述べれば、「わからないことを分けることでわかるようにする」ことである。分けることによって、複雑なものが単純化され、あいまいな状況が解明され、物事が整理されて使いやすくなる。つまり、分けることによってわからないことがわかるようになる。このようなメリットを享受するために、本章では、分けるという思考はそもそもどういうことなのか、正しく分けるためにはどうすればよいのか、といった「分類の思考」について学習する。

第4章　分類の思考—物事を分けて考えるには—

はじめに

　私たちは、何かというと「違い」を見つけようする。とともに「同じ」ものを見つけようとする習性がある。そして私たちは、情報や事柄がたくさんあると意識的あるいは無意識的に分類することを行っている。前頁の例題の分け方はさまざまあるが、あなたは、はじめにどのように分類しただろうか。

　リチャード・E・ニスベットが手掛けた心理学実験で、米国人と中国人の大学生に3つの単語（パンダ、サル、バナナ）を示して、これらのうちどの2つが仲間であるかを尋ねたところ、米国人の多くは「パンダとサル」を選んだが、中国人の多くは「サルとバナナ」を選んだそうである。ニスベットによれば、パンダとサルを選んだ見方は、「動物・食べ物」という「属性」に着目していることから、一般的に西洋人が得意としている分析的思考によるものとした。一方、サルとバナナを選んだ見方は、動物とその動物が好きな食べ物に着目し双方の関係性を重視していることから、一般的に東洋人が得意とする包括的思考によるものとした。

　さて、今回の質問は「さる」「ささ」「バナナ」「パンダ」という4つの言葉と画像であるが、図表4-1にあるとおり、6つのグルーピングが可能である。もしかしたら、この6つ以外の分け方もあるかもしれない。あなたは最初にどのような分け方をしただろうか。「さる・パンダ」と「ささ・バナナ」に分けた方は、動物・食べ物という属性に着目しているため分析的思考、本書でいえば分類の思考による見方と考えられる。また、文字数の違い、写真と絵の違いなども、属性による違いに着目しているので同様の見方であろう。それに対し、「パンダ・ささ」のグループと「さる・バナナ」のグループに分けた方は、動物とその動物が好きな食べ物に着目し、双方の関係性を重視しているため包括的思考、本書でいえば次章で説明する構造化の思考による見方と考えられる。

図表 4-1　6つのグルーピング

グループ１	グループ２
さる・パンダ <動物>	ささ・バナナ <食べ物>
パンダ・ささ <動物と好きな食べ物の関係>	さる・バナナ <動物と好きな食べ物の関係>
ささ・さる <文字数が２文字>	パンダ・バナナ <文字数が３文字>
ささ・さる <ひらがな>	パンダ・バナナ <カタカナ>
さる・パンダ <絵>	ささ・バナナ <写真>
さる・バナナ <フレームが縦>	ささ・パンダ <フレームが横>

１．分類の思考の必要性

　私たちは日常の生活の中で、意識・無意識にかかわらず「分類」するという作業を行っている。例えば「クローゼットの中の衣類」であれば、まずは私服用、ビジネス用の場所をおおまかに分け、さらに各々を夏用、冬用に分けた上で、私服の夏用であればＴシャツ、半袖シャツ、ズボンなどに分類し、ビジネス用の冬服であれば冬用スーツ、長袖Ｙシャツ、コートのように分類するといった作業である。

　私たちは、あらゆるところで分類に接している。食べ物の分類、動物の分類、宗教の分類、血液型の分類、政党の分類、企業の業種の分類、職種の分類、本棚の書籍の分類、名刺の分類など、日常生活や仕事といった身近なところから、政治・経済・社会など私たちを取り巻くすべてを振り返ってみれば、意識・無意識にかかわらずありとあらゆるところで、何らかの形で分類作業を行っているのである。

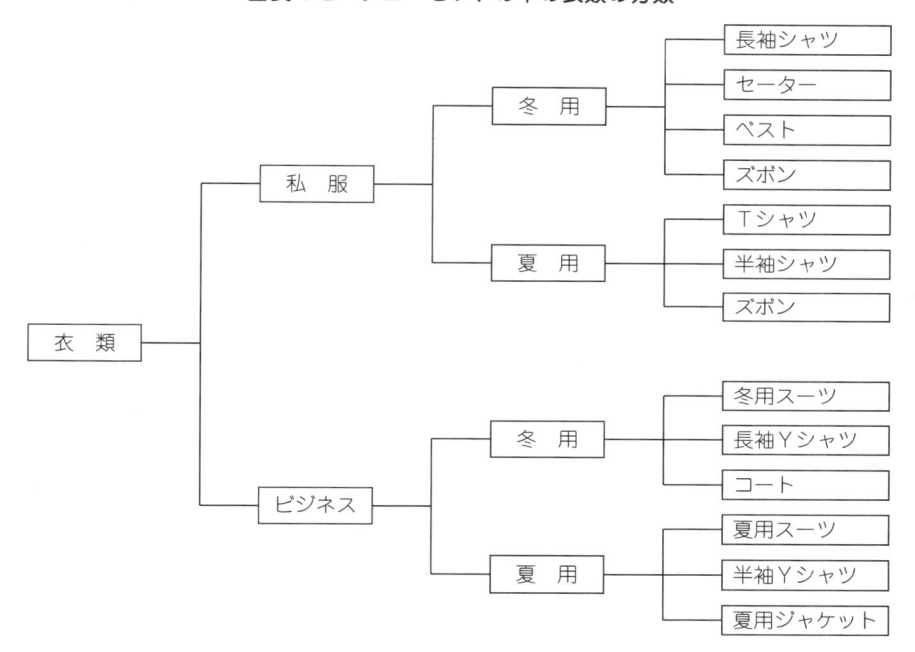

図表 4-2　クローゼットの中の衣類の分類

```
衣類 ─┬─ 私服 ─┬─ 冬用 ─┬─ 長袖シャツ
      │        │        ├─ セーター
      │        │        ├─ ベスト
      │        │        └─ ズボン
      │        └─ 夏用 ─┬─ Tシャツ
      │                 ├─ 半袖シャツ
      │                 └─ ズボン
      └─ ビジネス ─┬─ 冬用 ─┬─ 冬用スーツ
                   │        ├─ 長袖Yシャツ
                   │        └─ コート
                   └─ 夏用 ─┬─ 夏用スーツ
                            ├─ 半袖Yシャツ
                            └─ 夏用ジャケット
```

　なぜ私たちは、これほどまでに分類しようとするのだろうか。それは、分類することによって、わからないことがわかるようになるからである。複雑なものが単純化され、あいまいな状況が解明され、物事が整理されて使いやすくなる、といったさまざまなメリットを享受することができるからである。例えば、みなさんのパソコンの中の保存文書は、どのような分類をしているだろうか。文書内容別、クライアント別、作成年月日別、文書番号別など、自分が最も使いやすいような分類基準を設定して数多くの文書を整理しているはずである。このように分類基準を設定して文書を分類・保存することによって、大量の文書が整理され、必要なときに必要な文書を効率的に短時間で見つけ出すことが可能になる。

　組織の問題で考えてみよう。多くの会社で「組織が活性化していない」と

いう問題があげられるが、その問題をどのように解決していけばよいだろうか。なんとなくうまくいっていないと漠然と問題を認識していても、有効な対策を講じることはできない。組織の問題を「人の意識」「人の能力」「制度・仕組み」「風土」「理念」など、さまざまな切り口に分類していくことによって、わが組織の本質的な問題はどこにあるのかが少しずつ解明され、それに対する具体的な対策を実施していくことが可能になる。

　このように分類を行うことによって、ビジネス上のさまざまな問題の本質的な原因がわかり、それに対する具体的な対策を実施して、問題を解決していくことができる。それによって仕事を効率的、効果的に進めていくことが可能になる。

2. 分類の思考の考え方

(1) 分類とは

　「分類」の「分」という漢字を使った日本語は他にどのようなものがあるだろうか。「分別」という漢字があるが、辞書では「道理をよくわきまえている」と書かれている。それをさらに読み解けば、物事の善悪を「分ける」ことができる、という意味につながるであろう。また、「分相応」という漢字は「その人の身分や能力にふさわしい」と辞書に書かれている。さらに読み解けば、自分の身分や能力を他人と「分ける」ことで、それに相応しい生活や行動をとっていこうという意味と考えられる。

　「分析」という漢字を調べてみると、「複雑な事柄を一つ一つの要素や成分に分け、その構成などを明らかにすること」と書かれている。これは、まさに本章の学習目標である「わからないことを分けることでわかるようにする」という分類の思考に通じる内容である。

　それでは、本題である「分類」という言葉であるが、辞書によれば以下の

ような意味がある。

◆ぶんるい【分類】
①事物をその種類・性質・系統などに従って分けること。
②同類のものをまとめ、いくつかの集まりに区分すること。
(出典：新村出編『広辞苑』〔第五版〕岩波書店)

　辞書の定義からすれば、事物を何らかの基準に基づき、「違う」もので切り分けて、「同じ」もので集めていく、といった趣旨が読み取れる。
　本書では「分類」を上記辞書の意味も踏まえて、下記のとおり定義したい。

◆本書における「分類」の定義
　「観察の思考で収集した思考対象となる情報を、その思考の目的に従って『違う』部分で分け、『同じ』部分でくくること」。

(2) 分類の思考の考え方

　分類の定義を踏まえて、分けるメカニズムをもう少し深堀りして考えてみたい。
　本書のテーマである「思考」という行為も、実は分類をしている作業に置き換えることができる。思考とは何かというと、新たに集めた情報と自分の頭の中に蓄積してある情報とを突き合わせて、双方を違う部分で分け、同じ部分でくくるという分類作業をした結果、何らかの意味を導き出す行為として捉えることができる。思考とは、その思考対象に関して与えられている情報が意味する内容と、思考者がすでに保有している思考対象に関する知識の内容とを突き合わせることによって、何らかの理解や判断をもたらしてくれるような「意味」を得ることである。つまり、思考とは思考者の頭の中で「情報と情報を突合する作業」から成り立っている。

学校のテストを受ける場面を思い出してほしい。テストに向けて懸命に勉強して頭の中に知識を蓄積していくはずだ。いざテスト本番で、目の前に出された問題がここでの思考対象となる。そして、勉強を通じて蓄積・保有した知識と思考対象の情報、ここでは出題された問題の内容を、頭の中で突き合わせて何らかの解答を導く。これが思考の基本的なメカニズムになる。

　この「突合する」という作業は、言い換えれば「比べる」ことと捉えられる。思考者は、比べることによって「同じ部分」と「違う部分」を見極めているのである。この「同じ」と「違う」の認識作業というメカニズムこそが、思考行為の本質なのである。

　学校のテストの例で考えるならば、図表4-3のとおりとなる。「○×選択問題」であれば、これまでの学習によって蓄積した知識と出題された内容が「同じ」内容であれば「○」を、「違う」内容であれば「×」を選ぶことになる。選択肢問題であれば、これまでの学習によって蓄積した知識から判断して「違う」内容の選択式を排除していき、「同じ」内容の選択肢を最終的に選ぶというメカニズムを頭の中で作動させているはずである。それでは、問題に対する解答がわからない、という状況はどのように考えればよいだろうか。それは、その問題に関する情報が頭の中に知識として蓄積されていず、「同じ」と「違い」の区別がわからないため解答を導くことができないのである。

　さて、この思考メカニズムを別の視点から表現すると、「わかる」ことは「分ける」こと、ということになる。つまり、観察の思考を通じて収集したさまざまな情報内容を、思考者がすでに持っている知識と比較してみて、要素ごとに「同じ」と「違う」に分けているのが思考作業なのである。そして、この思考対象を構成する要素が、「同じ」と「違う」に正しく分け尽くされた状態にたどり着くことが「わかる」ということになる。

　人間は、言葉を習得し、物事を分け続けることによって意識が明瞭になっていく。皆さんも経験されているとおり、何らかの分野に詳しくなるにした

第4章　分類の思考―物事を分けて考えるには―

図表4-3　分類の思考のメカニズム（テスト問題を思考する場面）

問題形式	テスト問題	分類の思考 （頭の中の思考プロセス）
○×選択問題	下記の文章が正しければ○、間違っていれば×をつけなさい。 『平安京への遷都は「793年」である』	★平安京といえば、「なくよウグイス平安京」だ！ ⇒遷都された年号は「なくよ」の「794年」だ ⇒問題文の記述は「793年」になっている ⇒問題文の記述と頭の中の蓄積情報が「違う」 ⇒答えは「×」だ
選択肢問題	下記の選択肢の中から正しいものを1つ選びなさい。 『鎌倉幕府を開いた人物と年号として正しいものを選びなさい』 　①1192年に源義経が開いた 　②1190年に源頼朝が開いた 　③1192年に源頼朝が開いた	★鎌倉幕府を開いた人物はたしか「源頼朝」だ！ ⇒①の選択肢は「源義経」で、頭の中の蓄積情報と「違う」 ⇒①は「×」だ ★鎌倉幕府といえば「いいくに作ろう鎌倉幕府」だ！ ⇒幕府が開いた年号は「いいくに」の「1192年」だ ⇒②の選択肢は「1190年」で、頭の中の蓄積情報と「違う」 ⇒②は「×」だ ★残りの選択肢は③のみ！ ⇒年号は、問題文の記述と頭の中の蓄積情報が「同じ」 ⇒人物も、問題文の記述と頭の中の蓄積情報が「同じ」 ⇒よって③が「○」で正しい選択肢だ

「同じ」と「違い」の分類

がって、その分野の専門用語を覚えていったり、素人には区別のつかないようなことがわかるようになったりする。それは、分類し続けることでその専門分野の内容がより詳しくなり、より理解が増し、多くの思考が可能になるからである。

　「わかる」という語源は、もともと「分ける」からきているといわれてい

る。逆に、「わからない」という状態は、頭の中がすっきりしない状態、モヤモヤした状態、真っ白な状態をいい、いわば明確に分けることができていない状態といえる。何かをはっきりと「わかる」ためには、正確に「分ける」ことが出発点となる。

（3）ビジネスにおける分類

　日々のビジネスの実践の場においても、分類の思考を実践しているはずである。具体的な例を挙げれば、マーケティングにおけるセグメンテーション（市場細分化）が、まさに分類の思考といえる。セグメンテーションとは、自社の事業や製品の市場を、なんらかの顧客の視点でセグメント化（分類）することを指す。これは、市場を分類し、特定の層に対して集中的にアプローチすることによって、より効率的、効果的に成果を得ようとする考え方である。

　市場をセグメントすることなしに、すべての人のニーズを充足する商品を提供することは困難な時代となった。モノで満たされている現代社会において、消費者の欲求は高度化、多様化している。そのような消費者に対して、すべてのニーズを満たす意図を持って商品を提供しようとすることは、かえってコンセプトが不明瞭になり、消費者への訴求効果は低下してしまうのである。

　一方、すべての人間が異なるニーズを持っているからといって、一人ひとりの顧客ニーズを満足させることも膨大なコストがかかり、ビジネスにおいて現実的な対応とはいえない。そこで、対象となる顧客全体をある程度同じニーズを持つグループに市場を分類し、それに対応した商品・サービスを提供するセグメンテーションの必要性が生じるのである。

　セグメンテーションを、本書の「分類の思考」の定義に置き換えれば、図表4-4のように整理できる。

図表4-4 「分類」の定義とセグメンテーションの定義

「分類」の定義	セグメンテーションの定義
1) 思考対象の情報を	1) 市場・顧客ニーズに関する情報を
2) その思考の目的に従って	2) 顧客満足を実現する商品を提供するために
3) 違う部分で分け	3) 何らかの基準で市場・顧客を分け（分類し）
4) 同じ部分でくくること	4) 同じ（共通する）グループでくくること

図表4-4のセグメンテーションの定義にある「何らかの基準」、つまり市場をセグメントに分類するときの基準を「セグメンテーション変数」と呼ぶ。セグメンテーション変数は、一般的に図表4-5に示す4つの分類基準（変数）があるといわれている。

図表4-5 セグメンテーション変数

地理的変数	国、州、地域、郡、都市、地元エリアなど
人口統計的変数	年齢、家族構成、性別、所得、職業、教育水準、宗教、人種、世代など
心理的変数	社会階層、ライフスタイル、パーソナリティなど
行動的変数	顧客利益、ロイヤリティー、顧客の状態など 購買準備（認知している、関心あり、購入希望あり、購入意図ありなど） 製品に対する思い入れ（熱狂的、肯定的、無関心、否定的など）

筆者が小学生だった頃、一家では長らくトヨタ自動車のカローラを愛用していた。一方で、コマーシャルでは「いつかはクラウン」というキャッチコピーが流れ、幼心に「いつかはクラウン」という憧れを持っていたことを思い出した。トヨタ自動車は、業界のリーダー企業でありフルラインナップ戦略・フルカバレッジ戦略をとっている。しかし、ただやみくもにすべての車種を揃えているわけではなく、顧客の「年収」という分類基準に応じてセグメント化し、大衆車から高級車までフルラインの車種を取り揃えていると考

えられる。

　筆者自身が面白いと感じた商品で、缶コーヒーの「ワンダモーニングショット」がある。この商品は、「時間」という分類基準でセグメントされ生まれた商品と考えられる。本商品を開発したアサヒ飲料のリサーチによれば、缶コーヒーの飲用場面は出勤途中や始業前が多く、4割が午前中に飲まれていることがわかった。筆者の飲用パターンとは異なるので意外であった。従来の缶コーヒーは、イメージや製法を中心に訴求するパターンが多かったが、アサヒ飲料は初めて飲用する「時間」という切り口で訴求し、朝専用というユニークな缶コーヒーを開発した。ワンダモーニングショットは、2002年10月の発売後7ヵ月で清涼飲料のヒット商品の目安になる年間販売1000万ケースを達成し、アサヒ飲料の業績に大きく寄与した。

　顧客ニーズの多様化した現代社会においては、分類する発想がなければ顧客が求める商品・サービスを提供することが難しくなってきている。逆に、市場・顧客を新しい発想に基づく分類基準に従って分けることにより、顧客満足を実現する新しい商品・サービスを開発することが可能になる。

3．正しく分類するためには（分類の方法）

　わからないのは、うまく分けられていないからで、何かをはっきりと「わかる」ためには、正確に「分ける」ことが大切だと既述した。それではこれから、「正確に分ける」ためにはどうしたらよいかを考えていきたい。

　社団法人「日本図書館協会」より発案・刊行されている「日本十進分類法（NDC）」は、図書をはじめとする資料の標準分類法として、日本で70年以上も図書館業務に活用され続けている。このような資料の標準分類法が、あらゆる知識総体を分類し、体系的理解を促進するという意味において多大な貢献をし続けてきたことは明らかである。また、私たち一個人としてさまざまな図書の中から自分が求める情報を収録した図書を容易にかつ迅速に見い

第4章　分類の思考―物事を分けて考えるには―

出すことができるのも、このような標準化された分類法があるからといえる（図表4-6参照）。

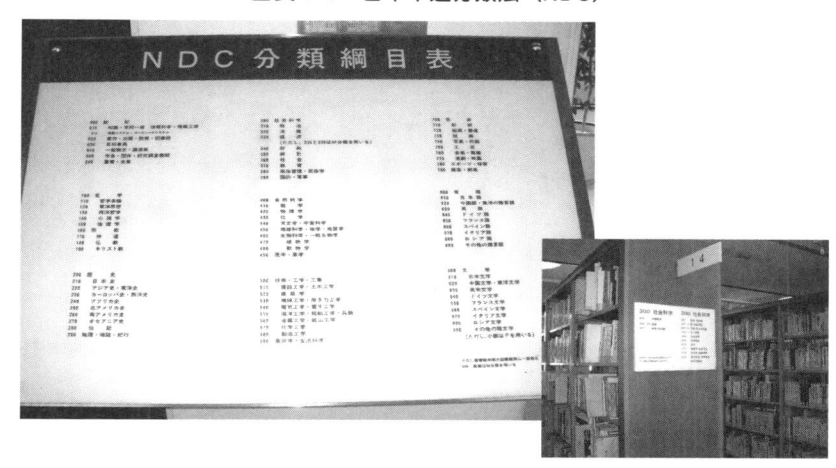

図表4-6　日本十進分類法（NDC）

日本十進分類法（NDC）の中に、図書を分類する際に遵守すべき原則がいくつか示されているが、ビジネスシーンにおいて分類の思考を行う上でも示唆に富む内容が多く、筆者なりに重要な項目を4つ選択し下記のとおり意訳した。

①学術の体系に準拠

図書の分類体系を位置づけるには学術の体系が頼りになるが、その学術の進歩は到底追いつくことはできない。特に、体系の根幹に触れるような変化には対応しかねる場合もあるが、可能な限り努めて、最新の学術体系に準拠するのが基本である。

②相互排他性

区分された部分集合は、お互いに領域を侵さない排他的なものとする。

③包括性

種の総和が被区分体の全域を包括する。

117

④段階性

　区分は段階的でなければならず、飛躍を認めない。

　これらの分類原則は図書の分類だけに遵守されるべきものではなく、およそあらゆるものを分類する上で参考にすべき原則であろう。当然ながら企業組織の中でビジネスを推進する際に思考する上でも応用できる原則である。

　正しくわかるためには、正しく分ける必要がある。ここでは、日本十進分類法の分類原則を参考に、ビジネスシーンにおいて分類の思考を活用する際にどのようなことを遵守すればよいのか、つまり、分類する思考を正しくするために必須の原則をいくつか説明することにしたい。またその分類原則を理解することで、分類とはそもそも何であるかという本質もより鮮明になるはずである。

（1）目的にあった分類基準

　分類基準とは、「思考対象を分類する場合の切り口」のことを指す。この分類基準がその思考の目的にあった基準を設定することがポイントになる。思考目的に沿った適切な分類基準さえ設定できれば、必然的に思考対象の情報が正しく分けられ、適切な理解や判断を得ることが可能になる。

　例えば、「売上げが低下している」という全社的問題に対する原因を考える際、その会社の分析目的に応じて「顧客別」「商品別」「営業所別」「地域別」など、どの分類基準で分析をすると原因が突き止められるかを考え、適切な分類基準を設定する必要がある（図表4-7参照）。

　また、現在は「商品別」に分類したデータで営業戦略を立案していたが、それを「顧客別」に分類したデータに切り替えることで、新しいマーケティング上の戦略が発見できる可能性が高まる。

　例えば、筆者はマネジメント領域のコンサルティングを担当しており、多くの企業の人事・教育担当者に、職場の問題として「人材育成がうまくいっていない」という声を聞く。それに対して「どのようなところが問題なので

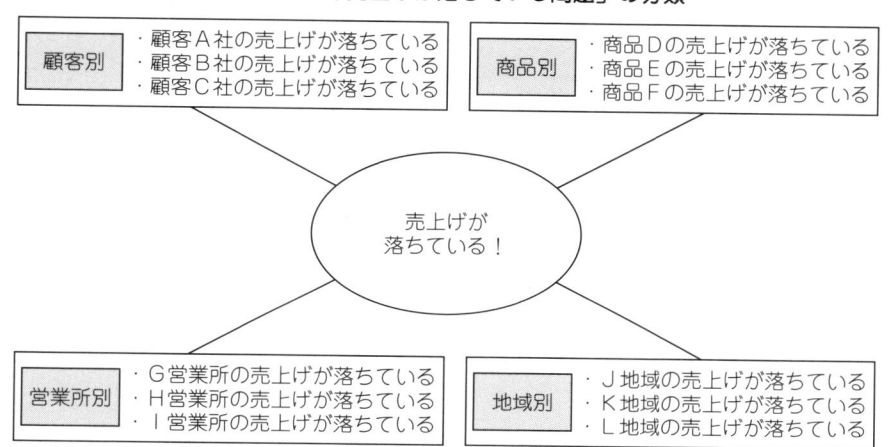

第4章 分類の思考—物事を分けて考えるには—

図表4-7 「売上げが落ちている問題」の分類

```
┌─────┐  ・顧客A社の売上げが落ちている      ┌─────┐  ・商品Dの売上げが落ちている
│顧客別│  ・顧客B社の売上げが落ちている      │商品別│  ・商品Eの売上げが落ちている
└─────┘  ・顧客C社の売上げが落ちている      └─────┘  ・商品Fの売上げが落ちている

                        ╲       ╱
                      ╭─────────╮
                      │ 売上げが  │
                      │ 落ちている！│
                      ╰─────────╯
                        ╱       ╲

┌──────┐ ・G営業所の売上げが落ちている     ┌─────┐  ・J地域の売上げが落ちている
│営業所別│ ・H営業所の売上げが落ちている     │地域別│  ・K地域の売上げが落ちている
└──────┘ ・I営業所の売上げが落ちている     └─────┘  ・L地域の売上げが落ちている
```

しょうか」と問い返すと、抽象的な回答は返ってくるが具体的にここが悪いという回答は返ってこないことが多い。

　人材育成と一口にいっても、さまざまな側面がある。どのような分類基準で考えれば、わが社の人材育成の問題を具体的に解決できるのだろうか。それを考えるためには、自分たちでさまざまな分類基準を作ってみることが重要になる。その中から、わが社の人材育成の問題を端的に表している分類基準を選択し、課題を設定すればよいのである。例えば、図表4-8のような分類基準が考えられる。

　図表4-8で表した分類基準は、既存の概念を活用して設定した基準である。既存の概念を有効活用することは効率的であるが、自分たちでまったく新しい分類基準を設定して問題を捉えることも、ビジネスでは重要な視座になる。むしろ、そこに大きな改善、改革やビジネスチャンスに結びつくヒントが隠されているからである。

　日本十進分類法の「①学術の体系に準拠」という原則の中で、分類基準を考える際に学術の進歩に可能な限り努めて準拠する、という基本原則があっ

図表4-8　「人材が育成できない問題」の分類基準

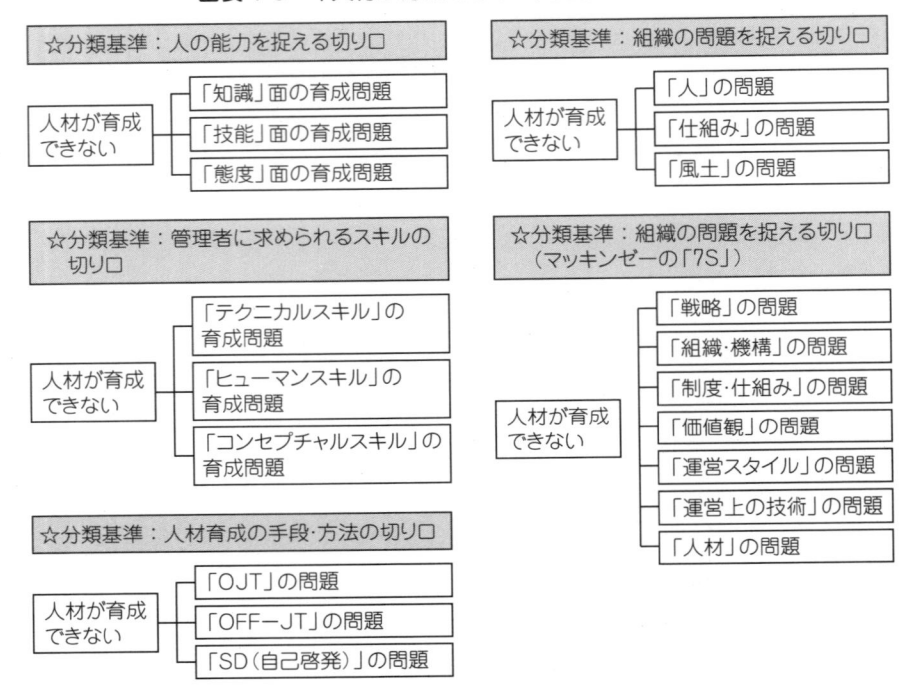

☆分類基準：人の能力を捉える切り口
- 人材が育成できない
  - 「知識」面の育成問題
  - 「技能」面の育成問題
  - 「態度」面の育成問題

☆分類基準：組織の問題を捉える切り口
- 人材が育成できない
  - 「人」の問題
  - 「仕組み」の問題
  - 「風土」の問題

☆分類基準：管理者に求められるスキルの切り口
- 人材が育成できない
  - 「テクニカルスキル」の育成問題
  - 「ヒューマンスキル」の育成問題
  - 「コンセプチャルスキル」の育成問題

☆分類基準：組織の問題を捉える切り口（マッキンゼーの「7S」）
- 人材が育成できない
  - 「戦略」の問題
  - 「組織・機構」の問題
  - 「制度・仕組み」の問題
  - 「価値観」の問題
  - 「運営スタイル」の問題
  - 「運営上の技術」の問題
  - 「人材」の問題

☆分類基準：人材育成の手段・方法の切り口
- 人材が育成できない
  - 「OJT」の問題
  - 「OFF-JT」の問題
  - 「SD（自己啓発）」の問題

た。ビジネスのさまざまなシーンにおいても、思考対象を既存の分類基準のみで捉え続けるのではなく、外部環境や内部環境の変化に感度を高めながら、まったく新しい分類基準を創造することで、大きな改善や改革に結びつく可能性が高まる。

（2）抽象水準の統一

　抽象水準の統一とは、分類する対象となる情報の要素が、同じ次元、同じ水準になければならないことをいう。

　具体例を使って説明する。「海外旅行に行くなら、フランスとローマとではどちらがよいか」という質問があったとする。この比較は2つの抽象水準

が統一されていない。国名と都市名を比べているからである。正しくは、国同士の比較であれば「フランスかイタリア」となり、都市同士の比較であれば「パリかローマ」とすべきである。

例えば、生物を分類する際の抽象水準は一般的に、界（kingdom）、門（phylum）、網（class）、目（order）、科（family）、属（genus）、種（species）の7段階で行われることが多い。この7つの抽象水準に、「ヒト」「マダイ」「コムギ」の位置を表すと図表4-9のようになる。

ビジネスにおいて、この抽象水準をどのように考えればよいだろうか。例えば、図表4-10のとおり「経費」を分類する際に、Aさんは「固定費」と「材料費」に分類したとすると、抽象水準がそろっていないことがわかる。材料費は変動費の1つ下の水準に位置づけられるため、変動費の他の要素（外注加工費、商品仕入原価、販促費など）が切り捨てられてしまうことになり、分析する上で問題となる。一方、Bさんは「固定費」と「変動費」に分類しており、抽象水準として正しい分け方といえる。

適切な分類をするためには、思考対象の水準をできる限り同じ水準に統一する必要がある。

日本十進分類法の原則でいえば、「④段階性」に相当する。つまり、区分は段階的でなければならず飛躍を認めない、という趣旨である。

現実のビジネスにおいて、思考対象は多くの要素が関係している複雑な事象であることが多い。こうした複雑な思考対象を個別の構成要素に分け、「同じ要素」と「違う要素」に仕分ける場合に、分解した要素の抽象水準がある程度揃っていないと、その仕分け作業は正しく分けられたことにはならない。絶対的な解のないビジネスの世界において、完全な抽象水準で各要素を揃えることは難しい場合も多々あるが、できる限り抽象水準を揃えて分類していくことが求められる。

図表 4-9　生物分類上の抽象水準

生物分類上の抽象水準	ヒトの分類	マダイの分類	コムギの分類
界（kingdom）	動物界	動物界	植物界
門（phylum）	脊索動物門	脊索動物門	被子植物門
網（class）	哺乳網	硬骨魚網	単子葉植物網
目（order）	霊長目	スズキ目	イネ目
科（family）	ヒト科	タイ科	イネ科
属（genus）	ヒト属（Homo）	マダイ属	コムギ属
種（species）	ヒト（Sapiens）	マダイ	コムギ

←抽象水準→

図表 4-10　抽象水準の統一

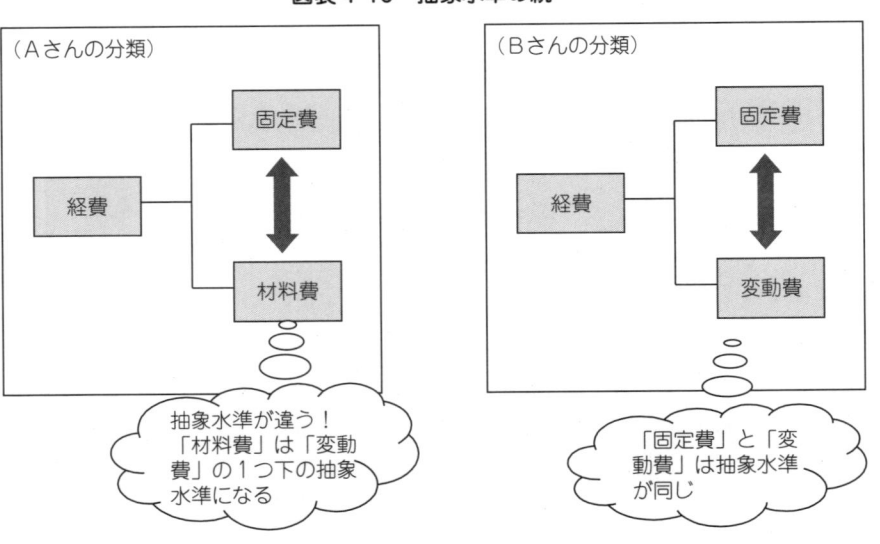

（Aさんの分類）

経費 ─┬─ 固定費
　　　│　　↕
　　　└─ 材料費

抽象水準が違う！「材料費」は「変動費」の1つ下の抽象水準になる

（Bさんの分類）

経費 ─┬─ 固定費
　　　│　　↕
　　　└─ 変動費

「固定費」と「変動費」は抽象水準が同じ

（3）モレなくダブリなく分ける

　思考対象を正しく分類するためのポイントとして、「モレなくダブリなく分ける（相互背反、集合網羅）」ことが挙げられる。この概念を、通称「MECE（Mutually Exclusive and Collectively Exhaustive）」と呼ぶ。MECEとは、「Mutually（相互に）、Exclusive（排他的で）、Collectively（集合すると）、Exhaustive（余すところがない）」の各々の頭文字をとったいい方で、「ミーシー」または「ミッシー」と呼ぶ。

　相互背反とは、「互いに重なりがないこと」をいい、集合網羅とは、「全体を網羅していること」を意味する。すなわち、MECEとは、思考対象となる事柄の構成要素が、「モレなく、ダブリなく」切り分けられている状態を意味する。日本十進分類法の原則でいえば、「②相互排他性」と「③包括性」という言葉を指し、ほぼ同義である。

　網羅的に考えること（＝モレなく考えること）で、問題の全体像、検討の範囲を正しく把握することができ、分類する上でモレを防ぐことができる。また、排他的に考えること（＝ダブリなく考えること）で、全体を構成する部分がどのようになっているか把握することができ、分類する上でダブリを防ぐことができる。

図表4-11　モレなくダブリなく分ける（MECE）

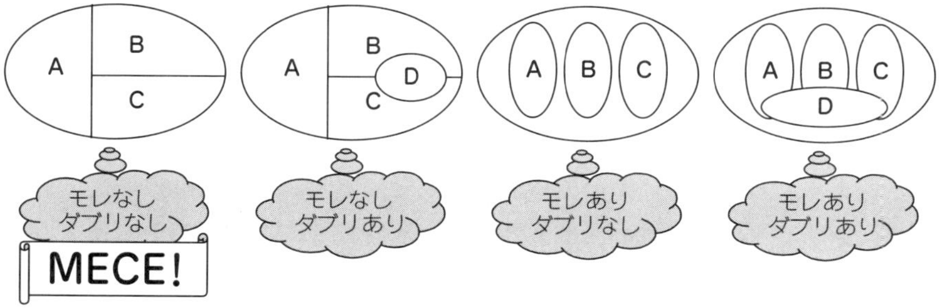

MECEを視覚的に図（楕円がすべてを網羅している前提）に表すと図表4-11のとおりとなる。

　例えば、利益が低迷している問題について、ある担当者は「売上げ」が低迷しているから売上げだけの視点で対策を講じたとすると、「経費」の視点がモレてしまうことになる。利益は、「利益＝売上げ－経費」という算式で表すことができるので、もしかしたらこの会社の問題は、「経費」の側面に大きな原因があって利益を圧迫しているかもしれない。

　このようなモレがあると、根本的な原因を見落として有効な戦略や課題を設定できなくなる可能性が高まり、効果的な成果を創出することは難しくなる。また、仕事においては優先順位の高い選択肢から手を打っていくことが定石であるが、モレがあると優先順位の高い有効な対策が見落とされ、効率面で大きな問題を引き起こすことにつながってしまう。

　同じく、利益が低迷している問題について、その問題の責任者たるマネジャーが、課題として「売上げの向上」「客数の増加」「経費の削減」という3つを掲げて、3人の部下に各々の対策を考えさせ、その結果を1ヵ月後にプレゼンするよう指示したとする。1ヵ月後のプレゼンの場で、「売上げの向上」に関する対策と「客数の増加」に関する対策でダブリがあることが判明する。なぜならば、売上げは、「売上げ＝客数×客単価」という算式で表すことができるので、売上げ向上の対策の中には、当然ながら客数の増加に関する対策が含まれていることになり、ダブリのあるプレゼンになってしまうであろう。この1ヵ月間、2人の部下は同じような課題を別々に取り組んでいたことになる。ダブリのある状態で仕事を進めると、効率の悪さにつながる可能性が高まる。

　このようにビジネスにおいては、効率や効果が問われ、最小のインプットで最大のアウトプットを創出することが求められる。その目的を達成するためには、できる限りモレやダブリをなくし、効率や効果を意識した仕事の取り組み姿勢が重要になってくる。

第4章 分類の思考―物事を分けて考えるには―

4．わからないときには分ける

　本章では、「分類の思考」について考えてきた。分類の思考の定義として、観察の思考で収集した思考対象の情報（構成要素）を、ある基準に従って、「違う」部分で分け、「同じ」部分でくくることとした。「思考」とは、集めた情報と、すでに頭の中にある知識とを突合させて、何らかの意味を引き出すことであり、そのためには収集した情報をある基準に基づいて「分ける」必要がある。

　社会科学、特にビジネスの世界は、数学のようにたった1つの絶対解が導き出せるものでない。このような絶対解がないからこそ、ビジネスをやっていく醍醐味があるともいえる。この答えのない世界で何かわからないことや問題に直面した際は、ぜひ「分類」することを実践していただきたい。筆者自身の経験則からも、分けることによって混沌としていた状況から何らかのヒントや答えを発見したことが多数ある。まさに、「わかる」ために「分ける」ことを実践してきた。

　そして、「正しくわかる」ためには、「正しく分ける」必要があることを説明してきた。その要件として、①目的にあった分類基準、②抽象水準の統一、③モレなくダブリなく、の3項目を学習してきた。日常のビジネスにおいて、無意識のうちに実践していることもあれば、できていないこともあるはずである。正しくわかるためには、そして正しく相手に伝え、相手に納得してもらうためには、この3要件は必須条件である。

　わかりやすい説明、根拠の明確な主張、合理的な意思決定など、論理的に物事を考えていくことが求められている昨今のビジネスにおいて、すべてのビジネスパースンが「分類の思考」をさらに磨いていく必要がある。

4章のまとめ

(1) 考え方のポイント
 ・分類とは、思考対象となる情報をその思考の目的に従って「違う」部分で分け、「同じ」部分でくくること。
 ・分類することによって、わからないことがわかるようになる。複雑なものが単純化され、あいまいな状況が解明され、物事が整理されて使いやすくなるといったさまざまなメリットを享受できる。

(2) 陥りやすい失敗
 ・事象や問題を漠然と捉えてしまう。
 ・思考の目的にあわない分類基準を設定してしまう。
 ・分ける際にモレやダブリがある。

(3) 主なツール(正しく分ける手法)
 ・目的にあった分類基準を設定する。
 ・抽象水準を統一する。
 ・モレなくダブリなく分ける(MECE)。

【参考文献】

『日本十進分類法(新訂9版 本表編)』もり・きよし原編/社団法人日本図書館協会
『思考・論理・分析「正しく考え、正しくわかること」の理論と実践』波頭亮著/産業能率大学出版部
『木を見る西洋人 森を見る東洋人』リチャード・E・ニスベット著/ダイヤモンド社
『分ける』東京大学綜合研究会編/東京大学出版会/東京大学公開講座
『論理的に考える技術』野口靖夫著/創元社
『論理思考と発想の技術』後正武著/プレジデント社
『ロジカルシンキングのノウハウ・ドゥハウ』野口吉昭著/PHP研究所
『SBCP「マーケティング・ストラテジー」』産業能率大学

第5章

構造化の思考
―物事を整理するには―

7つの思考プロセス

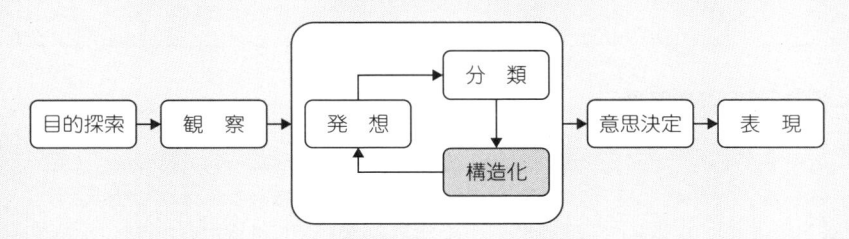

目的探索 → 観察 → [発想 → 分類 → 構造化] → 意思決定 → 表現

> 私たちは、一部分だけに目が向きがちで、全体としてどうなのか、全体がどのような関係にあるのかについて見ようとしない。

〔例題〕

皆さんは、下の絵を見て、どのように感じるだろうか。

食物連鎖の例（ライオンとシマウマ）

5章で学ぶこと

　本章で学ぶテーマを一言で述べると、「分けたものをくくることによって意味を見い出すようにする」ことである。分けることによって部分がわかるようになったが、全体として構造がどのようになっているかはまだわからない。そこで、部分部分の関係性をくくり、全体としての構造を明らかにし、思考対象全体の意味を見い出すことが、本章で学習する目的となる。

第5章 構造化の思考―物事を整理するには―

はじめに

　読者の皆さんは前頁の絵を見て、どのような感想を持ったであろうか。「子供のシマウマがかわいそうだ」と感情的に思ってしまう人も多かったはずである。これは静止画像であるが、テレビなどでライオンが猛スピードで小さなシマウマを追いかけていく動画を見ると「逃げてくれ、助かってくれ」と思うのが人の心であろう。

　しかし、冷静に考えればライオンも小動物を食べなければ死に絶えてしまう。つまり、すべての生物は、「食」を通じて一連の鎖でつながれている相互関係の中でバランスよく存続しているのである。すなわち、この一画像の背景には、私たちが小学校で学習した「食物連鎖」という生物界の大前提がある（図表5-1参照）。食物連鎖という関係性の中でこの静止画を見れば、また別の角度から物事を見て、解釈、判断することになる。

　とかく私たちは、一部分だけを見て、その部分だけで物事を捉え、短絡的に判断してしまう傾向があるが、その背景にあるさまざまな関係性や全体構造を捉えることが実は大切なのである。

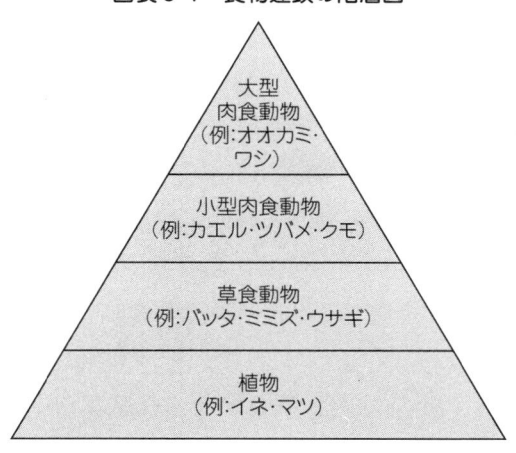

図表5-1　食物連鎖の階層図

（ピラミッド図）
- 大型肉食動物（例：オオカミ・ワシ）
- 小型肉食動物（例：カエル・ツバメ・クモ）
- 草食動物（例：バッタ・ミミズ・ウサギ）
- 植物（例：イネ・マツ）

1．構造化の思考の必要性

　人はよく「木を見て森を見ないタイプ」と「森を見て木を見ないタイプ」に分かれる。前章では分類の思考によって、木の一つひとつを見る思考を考えてきた。木の一つひとつの詳細を見たら、今度は「森を見る」ことが必要になる。これが「構造化の思考」である。すなわち、部分部分がどのようになっているかを分類することで詳細に理解し、「構造化の思考」によって、部分がどのような関係性によって全体を構成しているかを理解することである。私たちは、木も森も両方を見る必要がある。

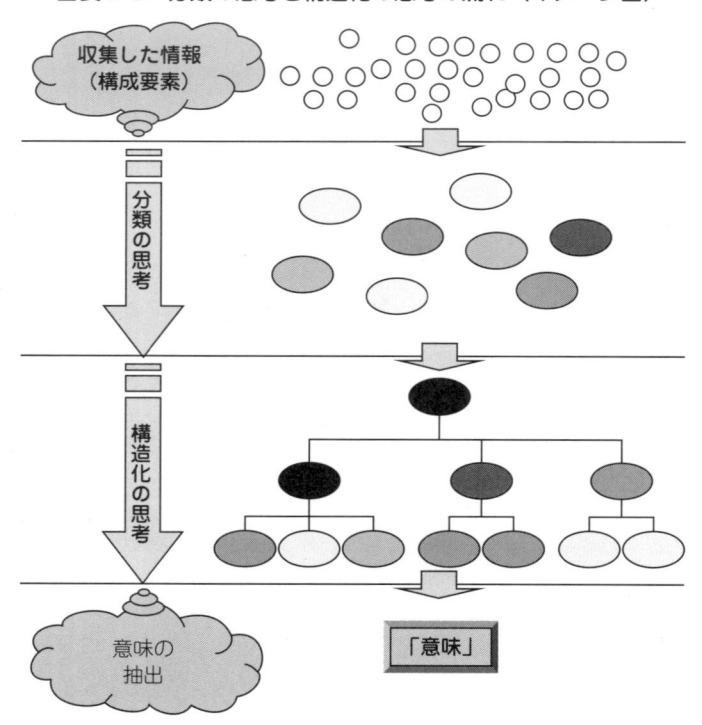

図表5-2　分類の思考と構造化の思考の流れ（イメージ図）

「構造」とは、単なる集合体ではなく、「全体と部分の関係」の調和であり、両方を見ることによって、思考の目的である「意味」を見つけることができる。

2. 構造化の思考の考え方

(1) 構造化とは

「構造」という言葉は、辞書によれば以下のような意味がある。

◆こうぞう【構造】
① 1つのものを作り上げている部分部分の材料の組み合わせ方。また、そのようにして組み合わせてできたもの。仕組み。
② 物事を成り立たせている各要素の機能的な関連。また、そのようにして成り立っているものの全体。
(出典：新村出編『広辞苑』〔第五版〕岩波書店)

上記の辞書の意味からは、「部分の組み合わせ」「仕組み」「関連」「全体」といったキーワードを拾い上げることができる。このような辞書の意味も含めた上で、本書の主題である「思考」との関連性を踏まえて、ここでは「構造化」を下記のとおり定義したい。

◆本書における「構造化」の定義
「思考対象について、分類した構成要素（部分）がどのような関係（つながり方）にあるのかを明らかにし、思考対象（全体）の意味を理解すること」。
換言すれば、複数の要素間に何らかの関係があり何らかの意味があれば、そこには「構造」が存在するという考え方である。「関係があるものには構

造がある」という広い捉え方で、「構造化」を考えていきたい。

（2）構造化の思考の考え方

　構造化の定義を踏まえて、そのメカニズムをもう少し深掘りして考えてみたい。

　構造とは、単なる集合ではなく「全体と部分の関係」の調和である。思考対象についてそれを構成する部分（個別要素）が、それぞれどのような組み合わせによって、どのような関係性に基づいて「全体」を形成しているのか、ということを明らかにして意味を抽出することが「構造化」になる。つまり、構造化の基本的考え方は「構成要素間の関係を明らかにし、全体としての意味を抽出すること」になる。

　およそこの世の中に存在するものは、単独で存在するものなどはなく、多数のさまざまな要素が依存しあい、影響を与えあい、関連しあって存在している。何かを知ろうとして思考するためには、それらすべての「関係」を押さえなければならない。

　身近なところで考えれば、「人間関係」がわかりやすい。職場、地域のサークル、親族など何でも構わないが、さまざまなタイプの人間が関連しあい影響しあいながら何らかの関係性をもって相互に存在している。この人間同士の関係について、より具体的な「〇〇関係」という言葉を当てはめたらどのような言葉が考えられるだろうか。例えば、上下関係、支配関係、従属関係、師弟関係、対等関係、信頼関係、親密関係、協力関係、依存関係、共存関係、敵対関係、対立関係、ライバル関係、中立関係、好き嫌い関係、血縁関係、友好関係、友人関係、恋愛関係、三角関係など、それ以外にも多くの関係性を表現する言葉があるのではないだろうか。改めて多様に複雑に絡み合う人間関係の難しさを考えさせられる。

　筆者は朝が弱い体質であるが、おそらくさまざまな要因が影響しあい関連しあって「朝起きるのがつらい」という現象を引き起こしていると考えられ

る。血圧が低い、疲れが溜まっている、ストレスが溜まっている、眠りが浅い、単なる睡眠時間不足、睡眠環境が悪いなど、さまざまな要素が絡み合っているのではないかと自覚している。

音楽はどうだろうか。一つひとつの音だけではあまり意味がないが、それら一つひとつの音が連なることで素晴らしいメロディに変容する。また、それらのメロディを奏でる一つひとつの楽器が組み合わされシンクロナイズすることによって、壮大なオーケストラの音楽に生まれ変わる。音符間の関係性、楽器間の関係性など各構成要素の関係性をよくして、音の集合体を全体として感じ取ってもらうところに音楽の本質があると考える。

(3) ビジネスにおける構造化

日々のビジネスの実践の場においても、構造化の思考を実践しているはずである。どのようなものがあるだろうか。

最近、離職率の高い、ある会社の人事担当者から「どうしたら社員が辞めないようになるか」と相談されたことがあった。この問題も実にさまざまな要素が複雑に絡み合っているのではないだろうか。処遇制度の問題、仕事のやりがいの問題、職場の人間関係の問題、会社のビジョンや戦略の問題、自分のキャリアと仕事の問題など多数考えられる。これらのある一部分だけ着眼し、その部分に対してのみ対策を講じても有効な解決に結びつかない可能性が高い。もっと広い視野を持ち、さまざまな要因を抽出した上で、そして、それら全体の関係性を捉えた上で最善の対策を講じる必要がある。

組織を構築する際も構造化の視点が必要になる。組織という言葉を辞書で確認すると、「一定の共通目標を達成するために、成員間の役割や機能が分化・統合されている集団」という意味がある。

まずは、役割や機能をある基準に基づいて分類していくことが必要になる。例えば、機能別に分類するならば「営業部」「製造部」「研究開発部」などの組織形態が作られ、商品別に分類するならば「洗濯機事業部」「テレビ

事業部」「掃除機事業部」などの組織形態が作られる。このような分類による役割分担によって、組織は専門性の発揮、スピードや効率性の実現、顧客に対する機動的な対応など、何らかのメリットを生み出すことができる。このような分類を考えることは、まさしく分類の思考で既述したことである。

　組織の問題を考えるときに多くの企業で陥りがちなことが、この役割分担の段階で思考がストップしていることである。役割や機能を効率的に分類することは組織設計を考える上で重要であるが、より大切なことは分けた組織単位をいかに統合するか、という視点である。つまり、分類した組織単位や分業の一部ずつを担っている人々の活動が、指示・命令や意思疎通、協力関係などによって調整され、多数の人々の活動が、あたかも１つの「全体」であるかのように連動して動くように統合していくことが重要なのである。つまり、構成要素間（個々の組織や個人）の関係性を調整・統合し、全体（会社全体）として成果を創出することが必要になるのである。

　にもかかわらず多くの企業において、組織イコール役割分担という思考だけで留まるため、自分が所属する組織のことしか考えなくなり、与えられた役割分担しか果たそうとしなくなってしまう。このような状況が続くと、組織は自組織のメリットだけを考えるようになり、組織の間に見えない壁が発生し、組織は部分最適の罠に陥ってしまう。分類された組織同士が、指示・命令や意思疎通、協力関係などによって調整され、多数の人々の活動が、あたかも１つの「全体」であるかのように連動して動くように統合していくことを忘れてしまうのである。太平洋戦争において、日本軍が負けた原因も陸軍、海軍、空軍が部分最適に陥り、自組織のことしか考えなくなったことが挙げられる。一方の米国軍は、各部隊が「あたかも１つの全体」であるかのように協力、連動し、所期の目的を達成したのである。

　組織設計には、分類の思考によって導き出される「分化」という視点と、構造化の思考によって導き出される「統合」の視点の２つが必要になる。この２つの組織設計の原則が高い次元でバランスよく機能している組織が「強

い組織」と考えることができる。

　参考までに組織設計の2原則を図表5-3に表示しておく。

図表5-3　組織設計の2原則

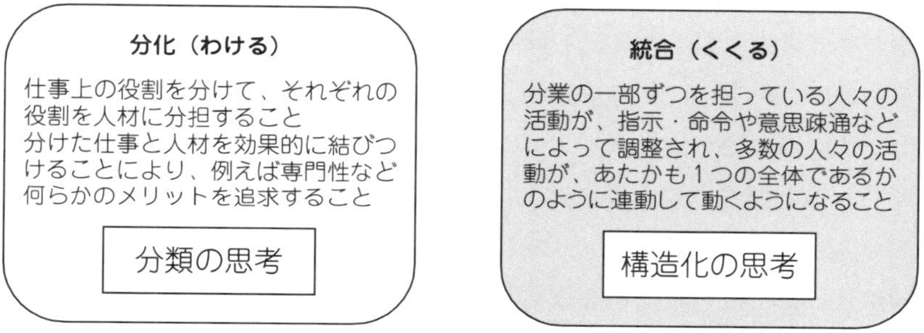

分化（わける）	統合（くくる）
仕事上の役割を分けて、それぞれの役割を人材に分担すること 分けた仕事と人材を効果的に結びつけることにより、例えば専門性など何らかのメリットを追求すること	分業の一部ずつを担っている人々の活動が、指示・命令や意思疎通などによって調整され、多数の人々の活動が、あたかも1つの全体であるかのように連動して動くようになること
分類の思考	構造化の思考

3. 構造化の方法

　構造化の定義として、思考対象について分類した構成要素（部分）がどのような関係（つながり方）にあるのかを明らかにし、思考対象（全体）の意味を理解することとした。基本的な考え方は理解いただけたと思うので、具体的にどのような構造があるのか、代表的な構造について見ていきたい。

　構成要素間の関係を明らかにし、全体としての意味を抽出するためには、その構成要素の関係を図、表、絵に表現することが、物事を理解する上でも重要になる。しかし、複数の要素間に何らかの関係があれば、そこに「構造」があると説明したとおり、その関係そのものは無数に表現することが可能である。

　その無数にある構造も、構成要素間の関係や図、表、絵にした際の共通部分に着目すると、代表的な構造として3つのカテゴリーに分類することができる。この3つの構造とは、「ツリー構造」「マトリックス構造」「プロセス構造」といわれているものである。この3つの代表的な構造について、それぞれのエッセンスを紹介していきたい。

（1）ツリー構造

　世の中のほとんどの現象は、樹木と同じようにたくさんの要素が複合して全体として１つの機能、目的を果たしている。１つの問題は多くの原因の複合から成り立ち、１つの課題を解決するためには多くの対応策を実施する必要がある。このように問題の原因を分析したり、課題を解決する際には、事象の全体を樹木の分岐構造を用いて各要素に分け、その結節点ごとに意味を考えていく手法が有効な場合が多い。

　このように「１つのものが、いくつかの下位レベルの要素に分解され、それらがさらに下位の複数の要素に分岐している構造（トップダウン型）」、あるいは逆に「いくつかの諸要素が、意味のある１つに事象に統合され、それらがさらに上位の事象・概念に統合されて、全体として１つの意味を持つ構造（ボトムアップ型）」をあわせて「ツリー構造」と呼ぶ。

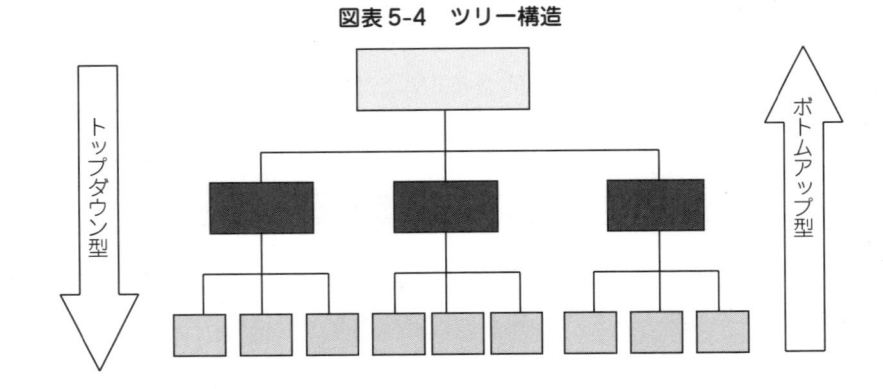

図表 5-4　ツリー構造

①トップダウン型ツリー構造

　トップダウン型ツリー構造は、図表5-5の３つの構造が代表的である。WHYツリーは、問題の原因を掘り下げてその問題を引き起こしている根本的、本質的な原因を追求していくときに活用するツリーである。

第5章 構造化の思考—物事を整理するには—

　実際にツリーを掘り下げて原因を考えていくときは、「なぜ、なぜ、なぜ」を繰り返してより根本的は原因までブレイク・ダウンしていく。ツリーの各段階の要素間には「原因と結果」の論理関係、つまり因果関係が結ばれていくことになる。

図表5-5　トップダウン型ツリー構造

① WHYツリー（原因分析）

・問題の原因を掘り下げて、本質的な原因を分析する。
　「なぜ、なぜ・・・」と繰り返す

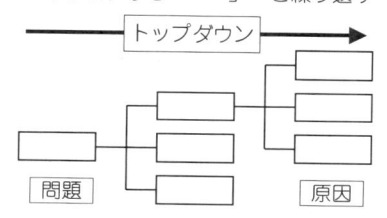

［トップダウン型ツリー図：問題 → 原因］

② HOWツリー（課題の具体化）

・課題の解決策を掘り下げて整理し、優先順位をつける。
　「そのためには、そのためには・・・」と繰り返す。

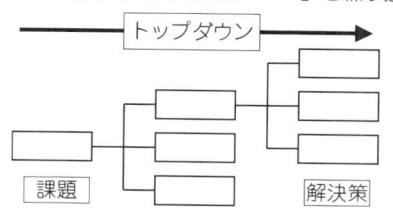

［トップダウン型ツリー図：課題 → 解決策］

③ WHATツリー（要素分解）

・大きな要素を分解し、何で構成されているのかを明確にする。

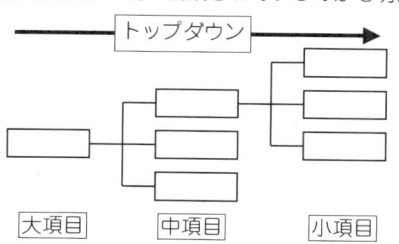

［トップダウン型ツリー図：大項目 → 中項目 → 小項目］

また、HOWツリーは、これから取り組む目的や課題の解決策を具体化するときに、限られた時間の中で広がりと深さを追求するのに役立つ分析ツリーである。実際に掘り下げていくときは、「そのためには、そのためには、そのためには」または「その手段は、その手段は、その手段は」を繰り返して、より具体的な解決策にブレイク・ダウンしていく。ツリーの各段階の要素間には「目的と手段」の論理関係が結ばれていくことになる。
　WHATツリーは、ツリーの間に直接的な論理関係はないが、大きな要素を段階ごとに分解して、より小さな要素にブレイク・ダウンしていくツリーであり、要素分解していくツリー構造である。

②ボトムアップ型ツリー構造
　ボトムアップ型ツリー構造として最もポピュラーなものが、図表5-6のピラミッドストラクチャと呼ばれる構造である。

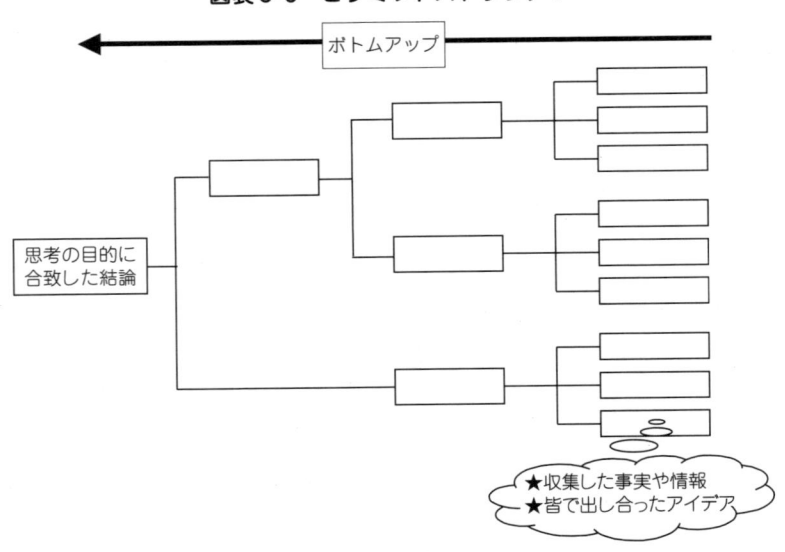

図表5-6　ピラミッドストラクチャ

★収集した事実や情報
★皆で出し合ったアイデア

ピラミッドストラクチャは、収集した事実、情報やグループで出しあったアイデアなどすべての要素を吟味し、意味レベルで似たもの同士をまとめて、上位階層を順に作成していくツリー構造化のフレームワークになる。最終的には、分析しようとする思考の目的に合致した結論が抽出されるように、上位構造を作成していくことがポイントとなる。

(2) マトリックス構造

　私たちの住む世界は、もとより一元的な単純なものではない。ほとんどの事象が複数の独立した要素の組み合わせからできている。例えば、毎日見る新聞のテレビ欄であれば「テレビ局と放映時間の関係」で番組が一覧化されている。小学校の頃から慣れ親しんできた授業の時間割であれば「曜日と時限の関係」で授業が一覧化されている。新幹線の時刻表であれば、「列車名と各駅到着時刻の関係」あるいは「出発駅から到着駅までの料金の関係」などが考えられる。皆さんが仕事をする中で意識する人事評価であれば、「資格と各資格に求められる能力要件の関係」あるいは「評価項目と自分の評価結果の関係」などが考えられる。

　マトリックス構造は分けるための指標を1つにしないで、それら多元要素

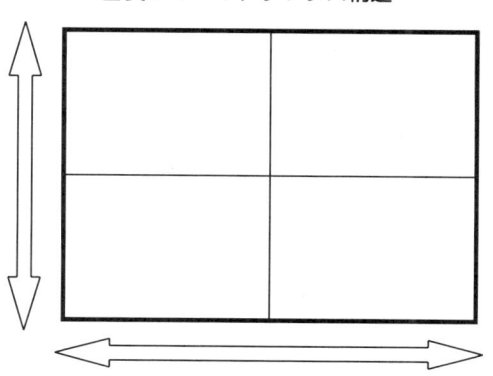

図表5-7　マトリックス構造

の中から最も目的に合致し、効果的と思われる2つの指標を基準軸として取り出し、その2つを組み合わせて複合的に考えることである。そして、二元の要素を考える場合には図表5-7のように、二元を平面上にタテとヨコに分けて図示し、わかりやすく視覚に訴えることが思考を進める上で都合がよい。

③ポジショニング

　ポジショニングとは、通常独立した2つの軸（2つの視点、2つの切り口）を設定して、収集した情報を2つの軸内にプロットし、その要素が全体の中でどのように位置づけられるかを客観的に分析することである。ポジショニングとは「位置を客観化すること」「グルーピングすること」をいう。

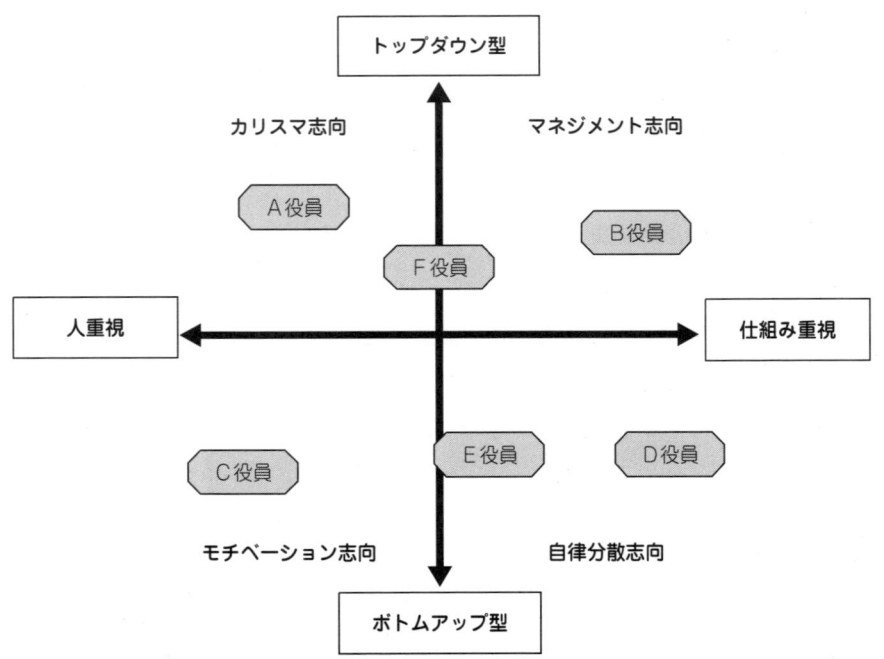

図表5-8　マネジメントスタイルから見た役員陣のポジショニング

```
                    トップダウン型
                         ↑
        カリスマ志向          マネジメント志向

           A役員                    B役員
                    F役員
  人重視 ←─────────────────────────→ 仕組み重視

                    E役員
           C役員                    D役員

        モチベーション志向      自律分散志向
                         ↓
                    ボトムアップ型
```

（出典：『問題解決ファシリテーター』堀　公俊著／東洋経済新報社、P99を参考）

ポジショニングする際に最も重要なことは、軸の設定である。つまり、「分類の思考」で学習したところの「目的にあった分類基準」の設定である。優れた分析家はこの軸の設定が極めて上手である。要素のかたまりを見て、最適な2軸を設定することがポイントになる。

図表5-8は、マネジメントスタイルから見た役員のポジショニングである。「トップダウン型－ボトムアップ型」の軸と「人重視－仕組み重視」の軸でマトリックスを作ると、貴社の役員陣はどのように位置づけられるだろうか。自分の会社のほとんどの役員がどこかの象限に偏って位置づけられているならば、異なるタイプの役員を登用してバランスをとるなどの対策も講じられる。

④ SWOT 分析

経営環境を分析する際のマトリックス構造として、「SWOT分析」が有名である。これは、まず経営環境に関して縦軸に外部環境と内部環境をとり、横軸に好影響と悪影響をとりマトリックスをつくることで、自社の環境を客観的に分析する構造化である。

○強み（Strength）　　　内部環境（自社経営資源）の強み
○弱み（Weakness）　　 内部環境（自社経営資源）の弱み
○機会（Opportunity）　外部環境（競合、顧客、マクロ環境など）からの機会
○脅威（Threat）　　　　外部環境（競合、顧客、マクロ環境など）からの脅威

これら4つを整理した上で、マトリックスを描き、以下のような攻めと守りの戦略を具体化していくのが定石になる。
①自社の強みで取り込むことができる事業機会とは何か。
②自社の強みで脅威を回避できないか。他社には脅威でも自社の強みで事業機会にできないか。
③自社の弱みで事業機会を取りこぼさないためには何が必要か。
④脅威と弱みが合わさって最悪の事態を招かないためには。

図表5-9　SWOT分析

	好影響	悪影響
外部環境	機会（O）	脅威（T）
内部環境	強み（S）	弱み（W）

	機会（O）	脅威（T）
強み（S）	①自社の強みで取り込むことができる事業機会とは何か	②自社の強みで脅威を回避できないか。他社には脅威でも自社の強みで事業機会にできないか
弱み（W）	③自社の弱みで事業機会を取りこぼさないためには何が必要か	④脅威と弱みが合わさって最悪の事態を招かないためには

　このように、攻めの観点と守りの観点から企業を取り巻く経営環境を総合的に分析し、外部環境と内部環境との統合を図り、戦略を考えていくマトリックスがSWOT分析になる。

⑤ PM理論

　PM理論とは、社会心理学者の三隅二不二（みすみ　じゅうじ）が1966年に提唱したリーダーシップ理論である。リーダーシップを「P：Performance（目標達成能力）」と「M：Maintenance（集団維持能力）」の2つの能力要素に分けて類型化した理論である。

　「P：目標達成能力」とは、リーダーとして組織の目標を明確に設定し、計画立案やメンバーへの指示・命令などによって目標を達成し、成果を創出する能力を指す。「M：集団維持能力」とは、メンバー間の人間関係を良好に保ち、集団のまとまりやチームワークを維持する能力を指す。

　「P：目標達成能力」を横軸、「M：集団維持能力」を縦軸としたマトリックスで、2つの能力の高低を示し、4つの象限に4つのリーダーシップタイプ（PM型、Pm型、pM型、pm型）を提示した（下記参照）。そして、Pと

Mがともに高い状態（PM型）のリーダーシップが望ましいと結論づけた。

◎PM型（P・Mともに大きい）

目標を明確に示し成果を上げられるとともに、集団をまとめていく力もあるリーダーとしての理想型といえる。

◎Pm型（Pが大きく、Mが小さい）

目標を明確に示し成果を上げるが、集団をまとめる力が弱い。成果は上げるが人望がないタイプといえる。

◎pM型（Pが小さく、Mが大きい）

集団をまとめる力はあるが、目標を示し成果を上げる力が弱い。人望はあるが、仕事は今ひとつというタイプといえる。

◎pm型（Pが小さく、Mも小さい）

成果を上げる力も集団をまとめる力も弱い。リーダーとして失格といえる。

図表5-10　PM理論

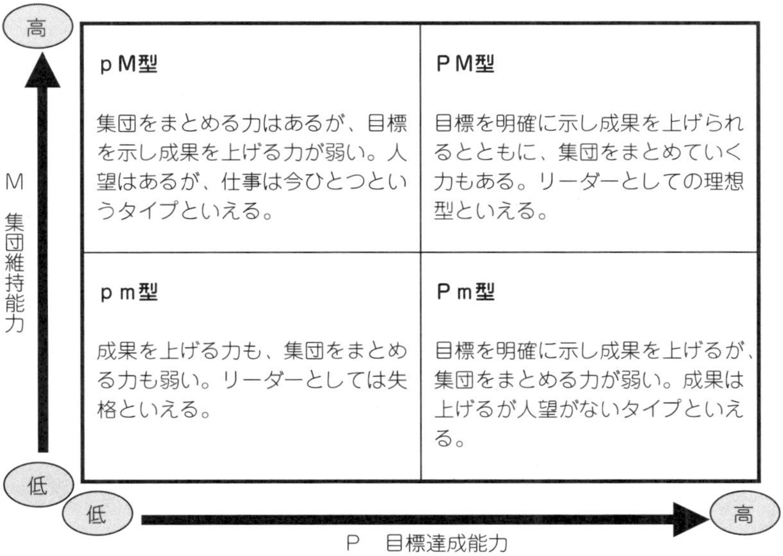

M 集団維持能力	pM型 集団をまとめる力はあるが、目標を示し成果を上げる力が弱い。人望はあるが、仕事は今ひとつというタイプといえる。	PM型 目標を明確に示し成果を上げられるとともに、集団をまとめていく力もある。リーダーとしての理想型といえる。
	pm型 成果を上げる力も、集団をまとめる力も弱い。リーダーとしては失格といえる。	Pm型 目標を明確に示し成果を上げるが、集団をまとめる力が弱い。成果は上げるが人望がないタイプといえる。

P　目標達成能力

⑥プロダクト・ポートフォリオ・マトリックス分析（PPM分析）

プロダクト・ポートフォリオ・マトリックス分析（PPM分析）は、ボストン・コンサルティング・グループが開発した分析手法で、自社の事業戦略や資源配分、または自部署の製品戦略や資源配分などを分析し、将来の方向性を考える際に活用できるマトリックス分析である。

まず、縦軸に「市場成長率」、横軸に「相対的シェア」を設定する。市場成長率とは、その事業、製品分野の成長率を捉えるもので、別の表現を使えば「市場の魅力」と考えることができる。一方の相対的シェアとは、その事業、製品市場全体における自社事業、自社製品の相対的なシェアを指し、別の表現を使えば「自社の強さ」と考えることができる。

この2軸で分けてできる4つの象限には、「花形」「金のなる木」「問題児」「負け犬」と名前がつけられている。そして、自社の事業や製品がどこに該当するかを分析し、マトリックス内にプロットしていく。

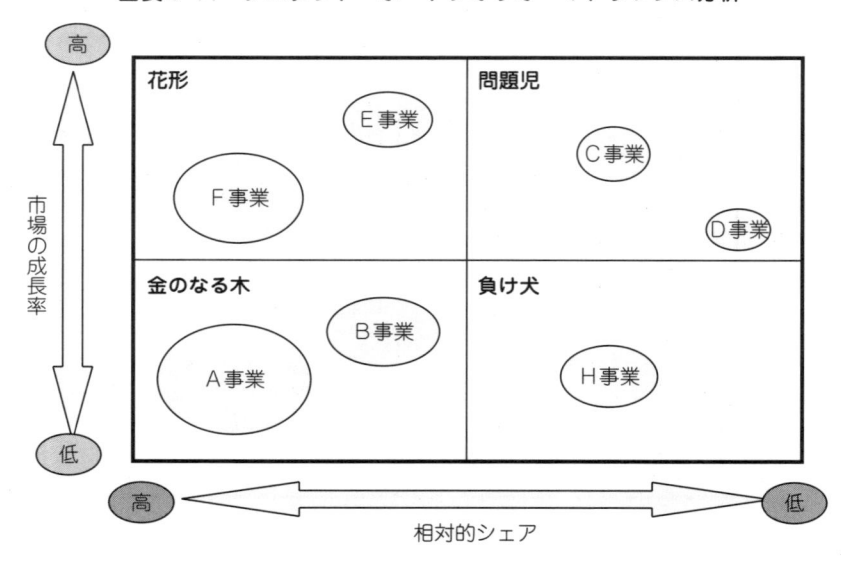

図表5-11　プロダクト・ポートフォリオ・マトリックス分析

それぞれの象限には、戦略上の基本的な打ち手が決まっている。

◎負け犬

存続自体を検討する。早期撤退して資源を他の有望な分野に再配分する。

◎問題児

事業成立の可能性を測りつつ、選択的に投資を続行する。

◎花形

積極的な投資を行う。

◎金のなる木

現ポジションを確保、維持する。収益は新事業育成の財源とする。

このように、自社の事業、製品について、市場の魅力度と自社の強さという2つの軸で分けて把握し、それぞれの市場が持つ意義と、自社の今後のあるべき戦略方向、資源配分を考えるのがプロダクト・ポートフォリオ・マトリックスの目的になる。

(3) プロセス構造

問題や課題を漠然と考えるのではなく、物事を、それが行われる「プロセス」に分解し、どこに問題があるのか、どこを変えるべきなのかを明確にする構造を「プロセス構造」という。

図表5-12 プロセス構造

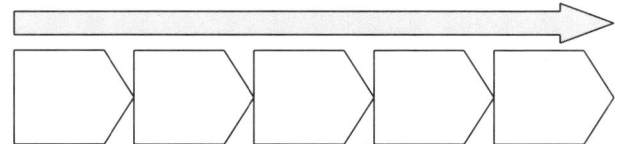

日頃の業務遂行においてよくある例が、「売上げが下がった」、だから「売上げを回復しろ」といった具合に、何か問題があるとすぐに行動をとってしまうケースである。つまり、問題の原因をきちっと分析して、効果的な対策

を考える態度や習慣そのものが薄いのである。そしてその行き着くところが、ノルマの強化や人手不足を解消するための人員補充などの対策に終始してしまうことになる。

売上げが下がったという現象は、自然にそのような問題が発生したわけではなく、企業活動のどこかに売上げを下げる原因があるから、そのような現象が起こるのである。企業活動における業務プロセスとは、例えば製造業であれば、「研究・開発」にはじまり「商品企画・開発」「仕入れ・調達」「生産」「広告・宣伝」「販売」「保守・サービス」といったプロセスで一般的には流れていく。この業務プロセスごとに自社の強みや弱み、問題点などの洗い出しを行ったり、売上げを上げている競合会社の業務プロセスと比較することで、なぜ売上げが低下しているかの原因を抽出することが可能になる。

プロセスとは、別の表現をすれば「時間の流れ」と捉えることができる。プロセス構造の分類基準は、「時間軸」であり、時間で区切りながら業務の流れを把握していくものである。このプロセス・時間というものは、それ自体が「モレがなくダブりがない」ため、MECEで分析することが可能である。ゆえに、プロセスを追っていけば、必ずその原因となる事態に突き当たるはずである。そこに「プロセス構造」で思考する大きなメリットがある。

①ビジネスシステム

ビジネスシステムは、自社の商品・サービスが市場に出るまでの流れの中で、自社と競合の強み、弱みを整理、分析することによって、自社のビジネスプロセスごとの課題や強みを抽出し、今後の戦略や方向性を検討することができる。

顧客から見て自社が最も価値を創出しているプロセスは何か、すなわち自社にとってのコア・コンピタンス（中核能力）を導き出す際に活用できるとともに、自社のビジネスプロセスの中で、どこがボトルネック（プロセスの中でビジネスの流れが詰まっていて、最も妨げとなっている問題箇所）なの

第5章 構造化の思考―物事を整理するには―

図表5-13 ビジネスシステム

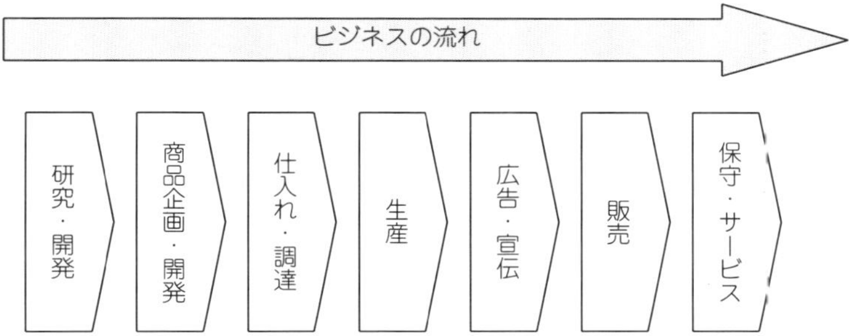

ビジネスの流れ →

	研究・開発	商品企画・開発	仕入れ・調達	生産	広告・宣伝	販売	保守・サービス
自社の強み・弱み							
競合A社の強み・弱み							
競合B社の強み・弱み							

かを発見し、問題解決を図る際に有効活用できるフレームワークである。

②プロダクトライフサイクル

　市場に導入された商品の売上高は、通常「4つの期間（プロセス）」でS字に変化していく。この商品の導入から衰退までの一連の流れをプロダクトライフサイクルといい、各々のプロセスごとにマーケティング戦略を思考することができる。

　プロダクトライフサイクルは、すべての商品に当てはまるわけではなく、商品力がなければ導入後すぐに衰退するなど、普及と衰退の流れが急激な「流行商品」が存在する。最近では、技術革新のスピードや消費者ニーズの移り変わりの速さから、サイクルの周期が短くなっている。

図表5-14　プロダクトライフサイクル

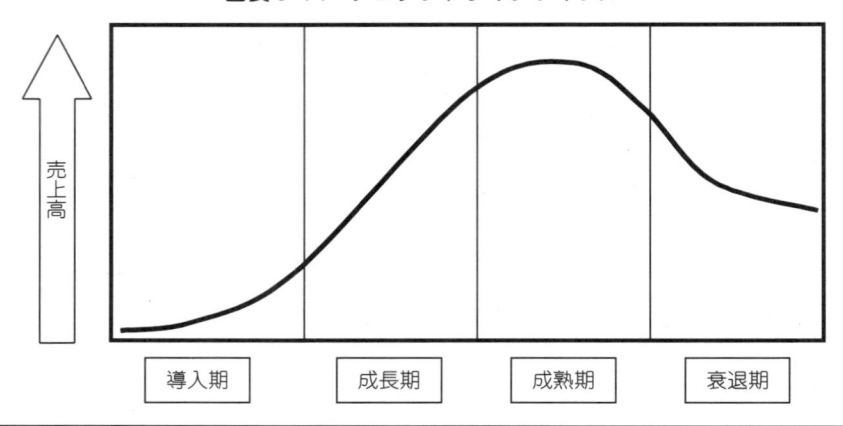

導入期	需要が小さく、新商品の認知度を高め、市場を開発することを目的とするためマーケティング費用がかかり、利益は生み出しにくい段階である。
成長期	需要が大きくなり、売上高も急速に増大する。商品が認知され、市場も拡大するが、それだけ競争も激化する。新商品の投資分も回収段階に入る。
成熟期	消費者の大半が購入済みとなり、市場は飽和状態となる。売上高の増加が停滞から低下へとつながる。製品の機能より、プロモーションや包装などで差別化を図る。
衰退期	売上高と利益が急速に減少する時期である。撤退か継続かを判断するなど、新たな戦略が必要となる時期である。

③ AIDMA（アイドマ）

　AIDMA（アイドマ）の法則とは、Attention（注意）→ Interest（関心）→ Desire（欲求）→ Memory（記憶）→ Action（行動）の頭文字を取ったもので、米国のローランド・ホールが提唱した「購買決定プロセス」の考え方になる。消費者はまず、その商品の存在を知り（Attention）、興味を持ち（Interest）、ほしいと思うようになり（Desire）、記憶に残し（Memory）、最終的に購買行動に至る（Action）、という購買決定プロセスを経る。

　このように、購買決定プロセスをいくつかに分解して、顧客がどの段階にあるかを見極めることで、企業側のセールスは、顧客の状態に応じてどうアプローチするか、どうコミュニケーションをとるか、といった販売促進プロ

セスを構築することができる。

図表 5-15　AIDMA（アイドマ）

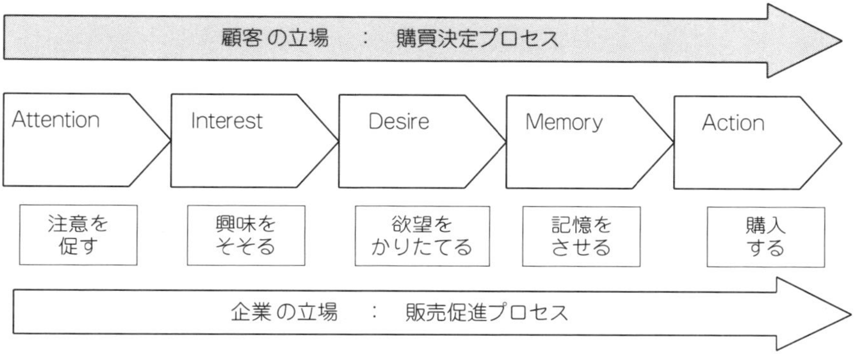

顧客の立場　：　購買決定プロセス

Attention	Interest	Desire	Memory	Action
注意を促す	興味をそそる	欲望をかりたてる	記憶をさせる	購入する

企業の立場　：　販売促進プロセス

（4）その他の構造

　代表的な構造として、「ツリー構造」「マトリックス構造」「プロセス構造」の3つを紹介してきたが、複数の要素間に何らかの関係があれば、そこに「構造」があると既述したとおり、構造を絵にすれば無数に表現することが可能である。

　今回紹介した3つの構造以外のものを図表5-16のとおりまとめたので、参照いただきたい。

図表 5-16 その他の構造

名称	構造図	特徴
階層構造	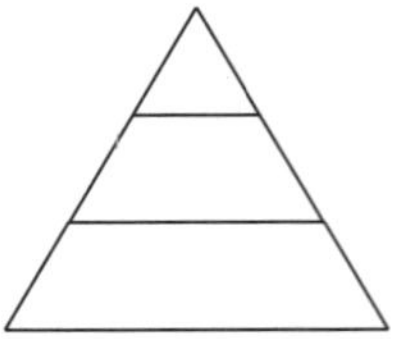	上下や高低などの階層関係の比較対照を構造化し表現する。
循環構造	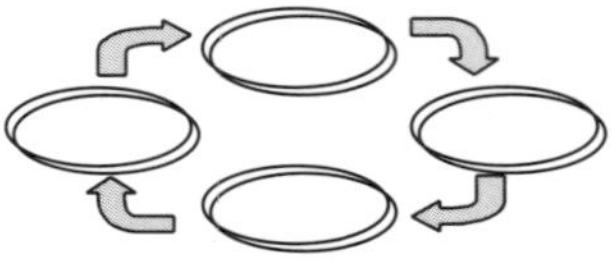	循環的な繰り返しで成立している関係を構造化し表現する。
網状構造	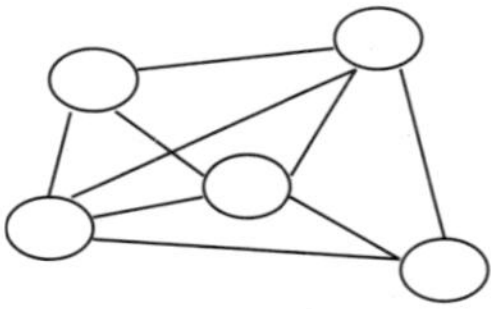	ネットワークや人間関係などのコミュニケーション網を構造化し表現する。
スパイラルアップ（らせん）構造	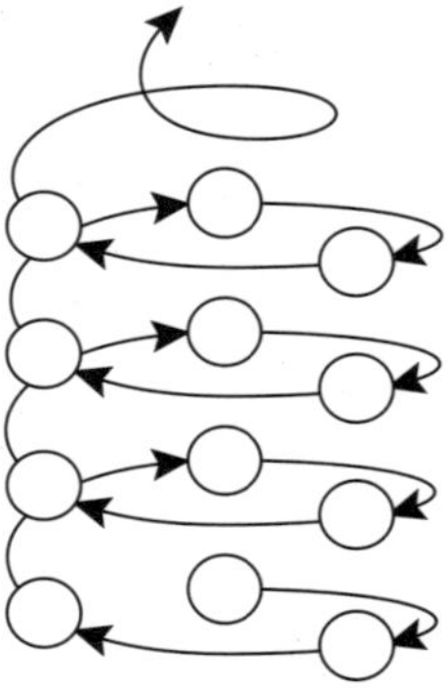	Plan（計画）、Do（実行）、See（評価）のPDSサイクルを回して、業務改善を行うなど、繰り返し回すことで、どんどん良くしていく関係を構造化し表現する。
親和構造	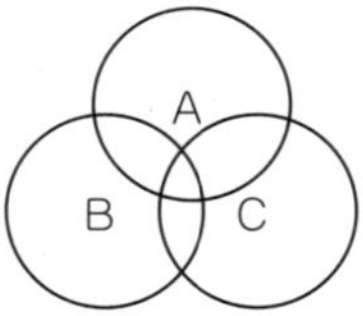	複数の要素に共通する部分がある重複関係を構造化し表現する。

包含構造	(C が B を含み、B が A を含む同心円)	一方が他方を含む包含関係を構造化し表現する。左記図は三段論法として下記のように活用できる。 ・すべてのAはBである ・すべてのBはCである ゆえに・すべてのAはCである
相関構造	A ⇔ B　相関関係	相関関係とは一方が変化すると、他方もそれに応じて変化する関係。Aという現象とBという現象の間に、何らかの一定の関係が存在することを構造化し表現する。
因果構造	原因A → 結果B　因果関係	因果関係とは、Aという原因がもとでBという結果が生じた場合の関係をいう。原因と結果の関係を構造化し表現する。
遠心構造	(中心から四方へ矢印)	1つの事象を取り巻くさまざまな事象との関係性を構造化し表現する。左記は遠心的に影響を及ぼす構造といえる。

4. 分類と構造化の関係

　本章では、分類した思考対象の各構成要素が、どのような構造で全体を作り上げているのかについて学習してきた。構造化の定義を振り返ると、「思考対象について、分類した構成要素（部分）がどのような関係（つながり方）にあるのかを明らかにし、思考対象（全体）の意味を理解すること」とした。

　今回見てきた3つの代表的構造は、分類した構成要素のグループがどのよ

うな関係、どのようなつながり方で全体を形作っているのかを把握し、全体としての意味（メッセージ）を抽出する分析手法である。

　ビジネス上の企画書、提案書、あるいはプレゼンテーションの中には、「分ける」「分類する」までのステップはきちっと実施しており、こちらも理解することができるのだが、その後に「くくる」「まとめる」ことをしていないケースが時折見受けられる。部分部分は理解できるが、全体として何がいいたいのかわからないのである。全体の結論として何をいいたいのか、何がこのテーマの本質なのか、などを訴えかけるためには、今回学習した「構造化の思考」を忘れずに実施する必要がある。

　さて、ここまで分類の思考と構造化の思考を章立てとして「分けて」説明してきたが、最後に「くくる」ことの言語化を試みて、第4、5章を終了することとしたい。

　分類の思考で説明したが、西洋人と東洋人とものの見方や考え方が比較されることがある。一般的に西洋人は分析的思考、本書でいう「分類の思考」に長けており、東洋人は包括的思考、本書でいう「構造化の思考」に長けているといわれている。西洋人が得意とする分析的思考とは、思考対象そのものの属性に注意を向けて、何らかのカテゴリーに分類することによって、対象そのものを理解しようとする考え方である。一方の東洋人が得意とされている包括的思考とは、思考対象と取り巻く「場」全体に注意を払い、対象とさまざまな場の要素との「関係」を重視する考え方である。

　医学の違いを考えればわかりやすい。西洋医学では、体はさまざまな部品（臓器）が集合した一種の機械と捉え、病気は身体を構成する「部品」の1つが異常・変調を引き起こしていると考える。治療の方法は、その悪い部品（臓器）を局所的に取り除くことに焦点を当てる。一方の東洋医学は、体はさまざまな臓器や組織の関係性の中で成り立っていると考え、病気は全身の体内バランス（自然治癒力、免疫力）が崩れ異常を起こしていると考える。治療の方法は、体全体の状態、全身の体内バランスや関係性を捉えて、体全

体の自然治癒に働きかける治療に焦点を当てる。

　これらの違いは、日米のビジネスの取引先との関係にも通じる。日本の場合、取引のあり方はその都度独立した契約としてではなく、過去のつきあいや現在の人間関係や信頼関係、将来の展望など総合的に勘案して決められる。時には、人間関係の維持や将来の良好な相互関係が築かれるという期待のもとに、それだけでは利益のない契約さえ結ばれることもある。一方、米国の場合は契約の概念が明確であり、ビジネスライクに徹しているといわれている。中長期の信頼関係のような目に見えない漠然としたものよりも、個々の契約について投資対効果を高めることが重視される。

　実はこれらの解釈そのものも、人間を西洋人と東洋人に「分ける」ことによって、各々のものの見方や考え方の違いの理解につながることがわかり、その背景にさまざまな歴史的、文化的、社会的な要因が存在することまでも追求することが可能になる。そして、「くくる」ことによって、どちらが優れてどちらが劣るという問題ではなく、人間には2つのものの見方や考え方が存在し、双方とも重要な思考であり、可能であれば双方の思考方法をバランスよく局面にあわせて活用することが、よりよい成果を創出し、よりよい生き方をする上で大切である、といった意味を導くことができるのである。

　分類も構造化も、その思考能力をバランスよく高め、ビジネスのさまざまなシーンで意識的に使い分けていくことが肝要である。

5章のまとめ

(1) 考え方のポイント
- 構造化とは、思考対象について分類した構成要素（部分）がどのような関係（つながり方）にあるのかを明らかにし、思考対象（全体）の意味を理解すること。
- この世の中に存在するものは、さまざまな要素が依存しあい、影響を与えあい、関連しあって存在している。何かを知ろうとして思考するためには、それらすべての関係を押さえなければならない。

(2) 陥りやすい失敗
- 組織設計、企画書、プレゼンテーションなど、あらゆるビジネスシーンで分類することはできても、「くくる」「まとめる」という構造化の思考が弱い。
- 部分は理解できるが、全体として何を伝えたいのかわからなくなってしまう。
- 人は「木を見て森を見ないタイプ」と「森を見て木を見ないタイプ」に分かれる。木も森も両方捉えるものの見方ができない。

(3) 主なツール
- ツリー構造
- マトリックス構造
- プロセス構造

【参考文献】

『木を見る西洋人　森を見る東洋人』リチャード・E・ニスベット著／ダイヤモンド社
『分ける』東京大学綜合研究会編／東京大学出版会／東京大学公開講座
『分かる使える思考法事典』鷲田小彌太著／すばる舎

第５章　構造化の思考―物事を整理するには―

『ロジカルシンキングのノウハウ・ドゥハウ』野口吉昭著／PHP研究所
『問題解決ファシリテーター』堀公俊著／東洋経済新報社
『組織デザイン』沼上幹著／日経文庫

第6章

意思決定の思考
―後悔しない決断のためには―

7つの思考プロセス

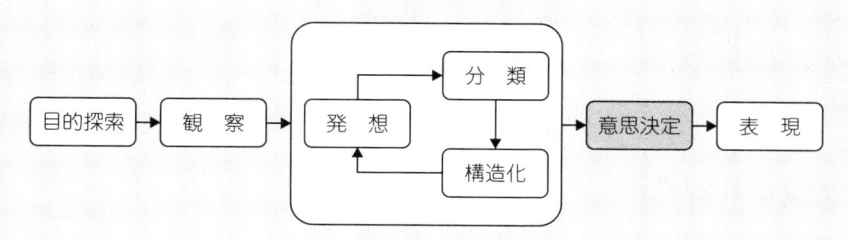

目的探索 → 観察 → 発想 → 分類 → 構造化 → 意思決定 → 表現

> 私たちは意気地なしである。とっさの場面では決断を避け、逃げてしまう。

〔例題〕

　嵐の中の小舟

　大嵐の夜、あなたの乗った船が遭難した。3歳の息子と2人きりである。あなたの体重は95kg、息子は10kg、救命ボートの重量制限は100kgである。つまり5kgオーバーだ。たかが5kgでも制限をオーバーしていれば、沈んでしまう。あと10kgダイエットしておけばよかったなどと後悔しても後の祭りだ。3歳の息子を生き残らせるか、自分が生き残るのか決断を迫られている状況である。さぁあなたならどちらを選択するだろうか。

6章で学ぶこと

　従来の意思決定論では、合理的かつ最適な意思決定を目指してきた。しかし本章では、その場で可能な意思決定や後悔しない意思決定、間違えのない意思決定などにスポットを当て、上手に意思決定する考え方を学習する。

第6章　意思決定の思考―後悔しない決断のためには―

はじめに

　「究極の選択」というのを聞いたことがあるだろうか。どちらを選択しても最悪の結果になるような二者択一を迫る言葉遊びの一種である。
　ご存じない方のために一例を挙げておくと、
　「チョコレート味の泥んこ」と「泥んこ味のチョコレート」どちらかを食べなければならないとしたらどっちを食べる？
といった類のものである。そもそもあり得ない状況を想定してジレンマに陥る様子を愉しむ遊びである。「チョコレート味の泥んこ」なら笑い話ですむが、前頁にあった「嵐の中の小舟」のケースはどうであろう。読者の皆さんはどのような決断を下したであろうか。
　多くの人は5kgくらいなんとかなると考えて、2人とも生き残ろうとする。しかし前述のとおり、オーバーはオーバーなので救命ボートは沈没し、2人とも死ぬことになる。まったくのムダ死にである。また別の人たちは父性愛に駆られて「自分は息子のために死ねる」などと考え、息子を救命ボートに乗せ、自分は死を選択するかもしれない。
　しかし考えてみてもほしい。大嵐の夜3歳の子供が救命ボートに1人揺られて、救助がくるまで生き残っていられるだろうか。その確率は残念ながら極めて低いといわざるを得ない。したがって答えは、残酷なようではあるが、息子は死なせ、自分が生き残ることである。客観的に考え、1人でも多く生き残る確率が最も高いのはこの方法である。読者の多くが感じているように、「そんな酷いことは自分にはできない！」と筆者も思う。
　しかし、私たちはいざ問題に直面したときに冷静な判断ができなくなってしまう。例えば「5kgくらいどうにかなるだろう」と考えて2人ともボートに乗って生き残ろうとするのは、自分に都合のよい思い込みに駆られているのである。どちらかが死ぬ、あるいは両方とも死ぬなどということは考えたくもないので、可能性は限りなくゼロに近いにもかかわらず、何とかなるだ

ろうに賭けてしまうのだ。また「息子のために死ねる」というのも、自己犠牲的精神を発揮するのはよいが、それが結果として現実から目をそむけさせることになる。つまり目先の結果（とりあえず息子が生き残る）に目を奪われ、最終的な結果は運を天に任せているのだ。そしてどちらも最悪の結末を迎えることになる。

１．意思決定技法の限界

　書店に行くと、意思決定に関する本が数多く出版されている。そしてそれらの中で紹介されている手法も、ゲーム理論、効用関数、オペレーションズリサーチ等々多岐にわたる。しかしこれらの書籍やその中で紹介されている手法では、残念ながら「チョコレート味の泥んこ」問題も「嵐の中の小舟」問題も解決できない。

　いやこれらの問題だけではない。私たちが日常直面する意思決定場面において、こうした意思決定技法が活用されることはほとんどない。たしかに理論はすばらしいのだが、現実には「使えない」と感じてしまうのである。なぜそのように感じるのかというと、結局本当に必要なときに役に立たないからである。

　例えば、上司の不倫場面にバッタリ出会った。挨拶すべきか、知らない振りをするべきか、そのようなときにゲーム理論で上司と自分の利得を計算しているヒマはない。じっくり考える時間でもあれば、それは上司と自分の利得表でも作って検討すればいい。でも多くの場合、決断の場面は突然やってくる。そんなときに意思決定技法を持ち出していたら間に合わないのだ。

2．意思決定の思考の考え方

（1）意思決定とは

　近年ビジネスシーンでも「意思決定」という言葉がよく使われるようになってきたが、改めて「意思決定とは?」と尋ねられると返答に窮してしまう。そこでまず辞書による定義を見てみることにしよう。

◆いしけってい【意思決定】
　ある目標を達成するために、複数の選択可能な代替的手段の中から最適なものを選ぶこと。
（出典：松村明編『大辞林』三省堂）

　たしかに意思決定を迫られる場面というのは、いくつかの選択肢があってその中からどれを選ぶべきか悩んでいるときである。その意味ではやはり辞書の定義というのは的確である。
　しかし、この定義では意思決定における本当にコア（核）になる部分だけを説明しているに過ぎない。本質を的確に突いて簡潔に表現したものではあるが、実務的にはもう少し広い範囲まで含めて考える必要がある。したがって本書では、意思決定を「問題の定義」「代替案の立案」「評価基準の決定」「代替案の評価」そして「代替案の選定」という5つのプロセスとして捉えることとする。

◆本書における「意思決定」の定義
　「意思決定を『問題の定義』『代替案の立案』『評価基準の決定』『代替案の評価』『代替案の選定』という5つのプロセスで捉える」。

図表6-1　意思決定の5つのプロセス

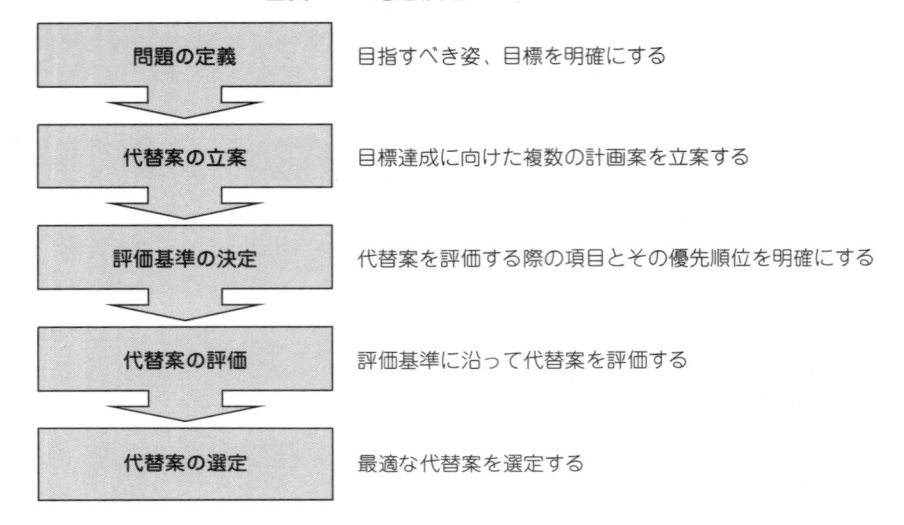

プロセス	説明
問題の定義	目指すべき姿、目標を明確にする
代替案の立案	目標達成に向けた複数の計画案を立案する
評価基準の決定	代替案を評価する際の項目とその優先順位を明確にする
代替案の評価	評価基準に沿って代替案を評価する
代替案の選定	最適な代替案を選定する

①2種類の意思決定

　最適な代替案を選択するために、各種の意思決定技法が研究されてきた。しかし、前述の「嵐の中の小舟」問題にせよ、「不倫上司との遭遇」問題にせよ、選択肢は僅かに2つか3つしかないにもかかわらず、容易に最適案を選択できないのはなぜであろうか。それは基本的には決断までに許容される時間の問題である。つまりじっくりと考える時間があれば、意思決定技法などを使いながら最適解を求めることができる。しかしそこまでの時間がなければ、直感に頼るしかない。前述の2つの問題は決断までに許容される時間が極端に短く、直面する課題をじっくり考えなかったケースである。しかし私たちが直面する決断シーンとは、何もこうした切迫したものばかりではない。企業間の買収交渉では、買収金額をめぐり双方で試算を繰り返しながら決断にいたることも珍しくはない。

　つまり一口に意思決定といっても、現実的には「とっさの判断が求められる意思決定」と「じっくり考える余裕がある意思決定」とがあり、明らかに

第6章　意思決定の思考―後悔しない決断のためには―

これらは相互にその質、プロセスが異なっている。したがってこれらをひとくくりで論ずること自体に問題があるわけだ。既存の意思決定本の"使えなさ"の原因はまさしくそこにある。

したがって本書では、意思決定を「とっさの意思決定」と「じっくり考える意思決定」とに分けて考えることとする。そのほうが現実の私たちの意思決定シーンにより近いと考えたからである。

（2）意思決定のメカニズム

私たちが意思決定を行う際、どのようなプロセスを経てそれを行っているのだろうか。

まず感覚器官で何らかの刺激を外部から受け、情報をインプットするところから始まる。その情報が短期記憶に入るところまでは、とっさの意思決定も、じっくり考える意思決定も同じプロセスをたどる。

図表6-2　「とっさの意思決定プロセス」と「じっくり考える意思決定プロセス」

〔とっさの意思決定プロセス〕

刺激 → 視覚・聴覚など感覚器官 → 短期記憶 ⇄ 長期記憶 → 意思決定

〔じっくり考える意思決定プロセス〕

刺激 → 視覚・聴覚など感覚器官 → 短期記憶 ⇄（ツール・ノウハウなどを用い、思考する）⇄ 長期記憶 → 意思決定

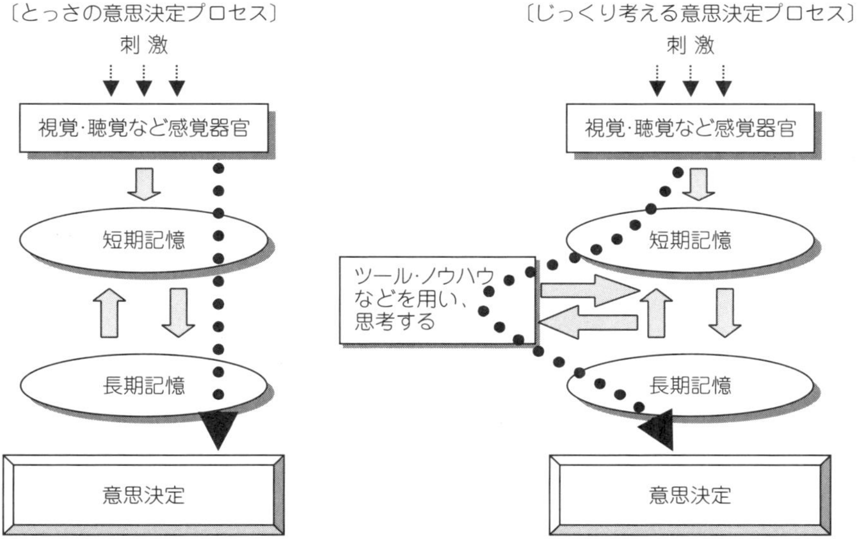

とっさの意思決定の場合、入ってきた情報を、過去の経験や知識が蓄えられている長期記憶に照らし合わせることにより意思決定を行う。例えば、夜中に民家の塀をよじ登っている人を見かけたら、長期記憶の情報と照らし合わせて「泥棒ではないか」と考え、大声を出したり警察に通報したりする行為などがそれである。

　じっくり考える意思決定の場合は、短期記憶に入った情報を、長期記憶と照らし合わせるのはもちろん、ツール・ノウハウなどを用いて思考するというプロセスを経て意思決定を行う。例えば非常に条件のよい投資案件が持ち込まれたとしよう。こうした情報はこれまでの経験という長期記憶と照らし合わせ、精査する価値がある案件かどうかなどの検討が行われる。そして精査する価値ありと判断されれば、次は投資採算分析などの意思決定技法を用い、最終的な意思決定に至る。

3. とっさの意思決定

　私たちが"とっさに判断を下さなければならない"ときに、どのような意思決定をしているのかについて考えてみることにしよう。まずは次の演習問題について考えてみてほしい。

〔演習問題〕

図表6-3　とっさの意思決定

意思決定の先送りは事態の悪化を招くケースが多い。

第６章　意思決定の思考―後悔しない決断のためには―

「あなたは今、車の通行量の少ない道路で車を運転しているとする。青信号の交差点に差し掛かったとき、突然信号無視の車が飛び出してきた。このままのスピードだとその車に横からぶつかられそうである。アクセルを踏みスピードを上げればその車を避けて交差点を走り抜けることもできそうだ。逆に急ブレーキを踏んだらどうであろうか。スピードは落ちるが衝突は避けられそうにはない。こちらが飛び出してきた車の側面に突っ込みそうなタイミングである」。

さあ皆さんは、とっさにどういう意思決定をするだろうか。

図表6-4　演習問題の回答例

何もしないと……　　　アクセル踏むと……　　　ブレーキ踏むと……

この問題に対する回答はさまざまである。常識的に考えて「ブレーキを踏む」という回答が一番多い。しかし上の３パターンの絵を見ていると、アクセルを踏むのも悪くない、と考える人が出てくる。したがって、２番目に多い回答が「アクセルを踏む」である。そして最後が「何もしない」となる。

ところが現実はどうであろうか。実は「何もしない」人が一番多い。何もしない、というより現実には"何もできない"ということである。次が「ブレーキを踏む」であり、最後が「アクセルを踏む」の順になる。

こうした私たち人間の現実の対応、つまり意思決定は何を意味しているのか。

何もしないというのは、何をしていいのかわからないので、結局行動を起こさないということである。つまり意思決定の先送りである。私たちは何か難しい問題に直面したときに決断を避けて様子を見る、という態度をとることが多い。頭の中だけで考えてもらうと「何もしない」が最下位であるのに対し、現実ではトップに躍り出るのはやはり意味がある。その背景は意思決定の優先順位を階層構造として捉えてみるとわかりやすい。

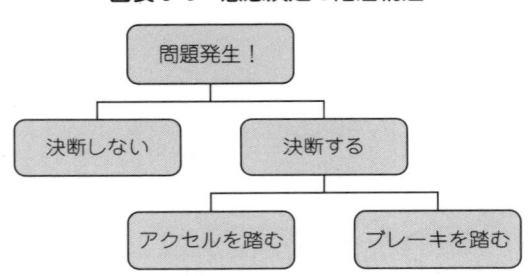

図表6-5　意思決定の階層構造

```
        問題発生！
        ／     ＼
   決断しない   決断する
              ／   ＼
       アクセルを踏む  ブレーキを踏む
```

　つまり、意思決定の優先順位として具体的な選択肢の検討に入る以前に、決断するかしないかの意思決定が存在しているということである。机上で検討する「車の衝突問題」では選択肢が3つあり、それらを並列のものとして考える。しかし、現実の衝突シーンでは、私たちはアクセルを踏むかブレーキを踏むかの選択以前に、無意識のうちに行動（決断）するかしないかの意思決定をしているのだ。

　だから机上では冷静に3つの中で最もリスクが少ないであろう「ブレーキを踏む」を選択し、現実は決断を避ける「意思決定の先送り」をしてしまうのだと考えることができる。

　次に「ブレーキを踏む」という選択について考えてみよう。多くの人が選択する極めて常識的かつ現実的な回答である。実際に机上の検討では第1位であるし、現実場面でも第2位である。この結果を、危険を回避する人間の本能などと捉えてしまうのは早計である。

例えば目の前に何か飛び出してきたときに眼をつぶるというのは本能である。しかしブレーキを踏むという行為は、あくまでも後天的に身につけた動作である。これは教習所で繰り返し訓練することで身につけた、危険回避のための最優先動作である。皆さんも免許を取るまでに、教官にいきなり補助ブレーキを踏まれ、注意を受けるという経験を何度もしているだろう。こういう経験を何回も積み重ね、少しでも危険を感じたらブレーキを踏んで減速するという動作を身体に覚えこませてしまうのだ。だから私たちはとっさのときに条件反射のようにブレーキを踏むことができるのだ。

　最後に「アクセルを踏む」という行為はどうだろう。机上では第2位だが、現実場面では第3位となる。つまり頭で考えている以上に「アクセルを踏む」という行為は難しいことなのだ。つまり私たちの中のイメージとして、「アクセルを踏む＝スピードが出る（加速する）＝危険」という図式が出来上がっており、実際にアクセルを踏むという行為には慎重になってしまう。まして危機に直面してそれを回避するためにアクセルを踏んでさらに加速するなど、もってのほかであろう。これができるのは、レーサーなどプロドライバーぐらいのものである。

　したがって、理論上「アクセルを踏む」ことで危険を回避したほうがよいような場面だったとしても、人間の本能の部分でそれを抑制してしまうことがある。机上で考えるより現実場面で「アクセルを踏む」人が少ないのは、そうしたところに理由がありそうだ。

〔とっさの意思決定を正しく行うためのポイント〕

　とっさの意思決定に際してそれを正しく適切に行うために、以下の3つのポイントが重要である。
ⅰ）意思決定の先送りをしない。
ⅱ）反復して訓練（経験）することにより長期記憶にとどめる。
ⅲ）判断基準を明確化しておき、自分の中で重要視するものを明確にしておく。

(1) 意思決定の先送りをしないこと

　人間は直面する問題が大きければ大きいほど、難しければ難しいほど、決断を先送りしてしまう傾向が強い。決断を誤ると取り返しのつかない事態に陥り、決断をしないことで現状を維持することができるかもしれないと考えてしまうからである。

〔演習問題〕
　「取引先とのアポイントの時間が迫っている。駅の階段を駆け下りホームに着くと左右に電車が止まっている。自分が乗るべき電車はどちら側だかわからない。一方が正しく、一方が間違っていることだけは確かである。両方ともベルが鳴り終わり、今まさしくドアが閉まろうとしている。飛び乗らなければ完全に遅刻である」。さあどうする？
　このケースはかなり現実的である。学生や社会人の皆さんであれば、一度や二度こうした経験はあるはずだ。先ほどの意思決定の階層構造に当てはめてみよう。

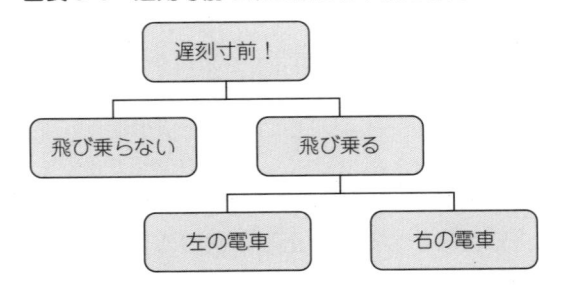

図表6-6　遅刻寸前！飛び乗るか、飛び乗らないか

```
           遅刻寸前！
          ／      ＼
     飛び乗らない   飛び乗る
                  ／    ＼
               左の電車  右の電車
```

　実はこのケース多くの人が、「飛び乗らない」を選択する。次の電車が何分後かによって選択は異なるからこの条件設定だけでは結論は出せない、なんていう人も間違いなく「飛び乗らない」。基本的には逆方向に乗ってしまっ

たら大幅な遅刻は避けられない、と考えるからである。でも考えてみてほしい。乗らない選択によって皆さんの遅刻はすでに確実なものになっているのだ。もしここで飛び乗らず、方向を確かめて10分後の電車に乗り10分遅刻するのと、一か八か飛び乗って、首尾よく遅刻せず到着するかもしくは20分遅刻するというのも選択肢である。

　人は一般に意思決定に際して、安全、確実な選択をする傾向にある。つまり無難なほうを選ぶのだ。意思決定を先送りするというのも、結局そのほうが当面は無難だからである。しかし残念なことに、こうした当座しのぎの意思決定は後々事態の悪化を招くことも多い。例えば、バブル崩壊後の企業経営者たちがその典型である。景気がますます悪化する状況の下で、不良債権の処理を先送りし、含み損を膨らませ続けた。

　もちろん、何でも素早い意思決定が必要だといっているのではない。自分を取り巻く状況がどんどん好転している状況なら別だが、変化がないか悪化しつつあるような場合は、意思決定の先送りは自分の首を絞めることにつながりかねない。なぜならば一般に事態が発生してから時間が経てば経つほど、解決は難しくなるからだ。警察の捜査でも、初動捜査の重要性が説かれているのはそうした理由からである。

（2）反復訓練により長期記憶にとどめる

　日々とっさの意思決定に直面するプロの仕事ぶりから、意思決定のポイントを見てみることにしよう。

〔例1　プロ野球選手〕
　プロ野球では、時速約150キロメートルの剛速球が18.44メートル離れたところから投げ込まれる。単純計算で、ボールが投手の手を離れてからバッターのところまで到達するのに、0.44秒となる。この時間からバットを振り抜くまでの時間を差し引くと、残りは0.2秒程度となる。この瞬間的な時間

内で球種やコースを判断し、打球方向を意識してボールを打つわけである。

〔例2　戦闘機のパイロット〕
　戦闘機の速度は音速すなわち時速1200キロメートルを超える。秒速にすると毎秒331.45メートルである。この速度域では一瞬の迷いが命取りになる。緊急事態に直面して「どうしようかな？」などと考えていたら、その間に軽く1キロメートルくらいの距離を飛んでしまう。だから戦闘機のパイロットは日頃の訓練において、さまざまな事態を想定して、無意識に自然と身体が反応するまで訓練を繰り返す。何度もいうようだが、そのときになってから考えても遅いからである。
　とっさの判断が求められる彼らに共通するのは、本番に臨むまでに同じ動作を繰り返し、反復して行うことである。プロ野球選手は何度も何度も素振りやフリーバッティングを繰り返す。また、パイロットはあらゆるケースを想定して、シミュレーターによる訓練、イメージトレーニングを繰り返す。そしてあらゆる状況にすぐに対処できるように動作を身体に覚え込ませてしまうのである。
　「内角低めのコースだ。ということは脇を締めてグリップを短めに小さなスウィングで振り抜く……」などと考えていたら見逃しの三振である。パイロットも然りである。着陸時、機体が横風にあおられた。「風速〇メートルだから、操縦桿を3センチ風上側に倒して……」では、墜落だ。
　ポイントは、この章の冒頭で出てきた意思決定の5つのプロセスがワンパッケージになった正しい反応パターンを状況に応じていくつも事前に準備しておき、それらを繰り返しの反復訓練により長期記憶にとどめておくことである。そしていざ事態に直面したとき、その中から直面する状況に合致したものを選択し、行動に移す。これによりとっさの場面で適切な意思決定を迅速に行うことができるのである。

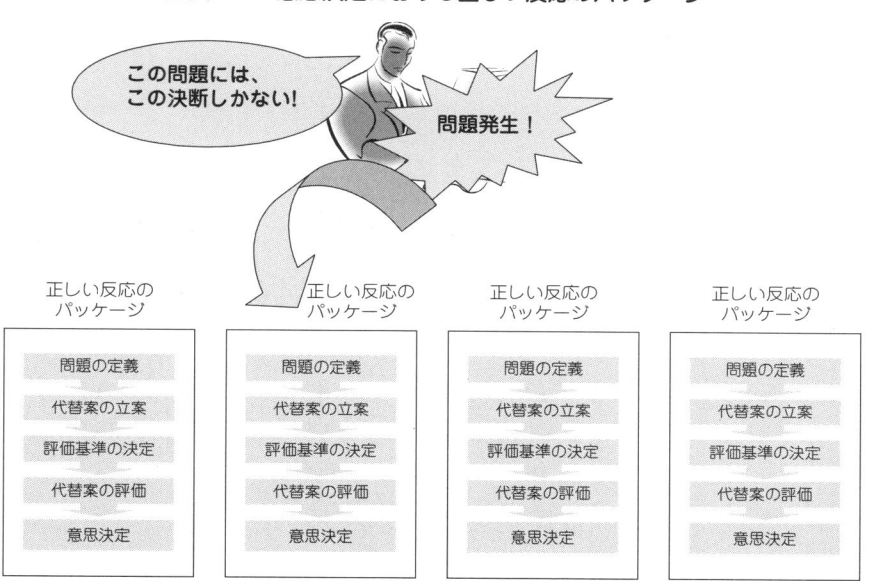

図表6-7 意思決定における正しい反応のパッケージ

（ふきだし）この問題には、この決断しかない！
（ふきだし）問題発生！

正しい反応のパッケージ	正しい反応のパッケージ	正しい反応のパッケージ	正しい反応のパッケージ
問題の定義	問題の定義	問題の定義	問題の定義
代替案の立案	代替案の立案	代替案の立案	代替案の立案
評価基準の決定	評価基準の決定	評価基準の決定	評価基準の決定
代替案の評価	代替案の評価	代替案の評価	代替案の評価
意思決定	意思決定	意思決定	意思決定

（3）明確な判断基準を持つ

　判断基準が複数あると迷いやすい。特にとっさの場面においては、判断基準は少なければ少ないほどよい。もちろん優先順位の高いものに絞り込まれていれば、ということが前提にはなる。そもそも私たちは自分の判断基準が何であり、どのようなウェイト付けをしながら判断しているのかすら、わかっていないことが多い。だからとっさの場面では混乱し、決断ができずに意思決定を先送りしてしまうことが多いのだ。もちろん意思決定の基準に一律のものなどない。その場面ごとに異なるものである。逆にいえば、場面に応じた意思決定の基準を持っておく必要があるということでもある。

　例えば、最初の「嵐の中の小舟」問題では、"種の保存"という基準で考えれば、父親が生き残るのがベストである。"父親としての納得感"という

基準で考えれば、息子をひとり救命ボートに残すという選択になるだろう。このときに判断基準をあれもこれも持ち出すから正常な判断が下せなくなってしまうのである。つまり"種の保存"や"父親としての納得感"がごちゃごちゃになり、どちらをとるかわからなくなると両方を目指そうとしてしまい、2人とも死ぬという最悪の結末を迎えかねないのだ。

　最後にもうひとつ悩ましい問題を提起して、とっさの判断を終わりにしよう。

　「皆さんは兵士であるとしよう。味方とはぐれジャングルをさまよっていた。敵や味方といつ遭遇しても不思議ではない状況だ。すると10メートルほど先の茂みから突然1人の兵士が現れた。敵か味方かわからない。こちらに気づいた相手は、とっさに銃を構えようとした。こちらはすでに銃を構えている」。

　さあ皆さんは、引き金を引くだろうか、引かないだろうか。

　これは、とっさに人を殺す覚悟ができているかどうかの問題である。あまり考えたくはない状況ではある。さあこれまでに挙げた3つのポイントに沿って順番に自分の意思決定を検証してみることにしよう。

①**意思決定の先送りはしない**―――「味方かもしれない……様子を見てから引き金を引いてもいいだろう」その温情が命取りである。あなたが味方の銃弾に倒れている確率は50％である。撃たなくてもいい、少なくとも身を翻して相手の銃弾から身を守る決断だけでもしなければならない。様子を見ている場合でないことだけは確かである。

②**反復訓練により長期記憶にとどめる**―――一般人はなかなか引き金を引く訓練を積むことはないだろう。しかし兵士ならば訓練などで銃を撃つことに慣れているはずである。あとは生身の人間に対して銃口を向けられるかどうかである。そして迷うことなく引き金を引けるかどうかである。こればかり

は繰り返し訓練することで条件反射のように身体が動かなくてはならないだろう。

③明確な判断基準を持つ───戦場である以上は、やはり判断基準は敵を倒すことである。しかしそれ以上に大切なのは、自分の命を守ることである。自分が死んでしまったら敵を倒すことすらできないからだ。もちろん味方を殺すくらいなら自分が死んだほうがマシ、と考えるならばそれもよい。それで様子を見て、もしかしたら味方に撃たれて死んでも本望であろう。

いずれにしても、とっさの場面では明確な判断基準がなければ判断に迷い、結局後悔する結果を招くことになる。私たちはあらゆる場面を想定して、いかなる判断基準で行動すべきかを考えておかねばならない。

（4）とっさの意思決定のエクササイズ

これまで取り扱ってきた例題が非日常的なもの（嵐の中の小舟や戦場の兵士など）が多かったこともあり、「とっさの意思決定力」を磨くトレーニングといってもピンとこないかもしれない。しかし「とっさの意思決定」場面は日常生活のいたるところに存在する。大切なのは、そういう場面を通じて自分が意思決定状況を想定し、自分からイメージトレーニングを積極的に行っていくことである。

〔とっさの意思決定　状況設定例〕
・満員電車の中で痴漢と間違われた。
・銀行で順番を待っていたら前の客が強盗だった。
・頭上で電線工事をしていた。突然上から「危ない!」という声が……。
・駅のホームで電車を待っていた。目の前で人が線路に落ちた。
・車を運転していたら、突然ブレーキが効かなくなった。
・街を歩いていたら暴力団風の男にからまれた。

4. じっくり考える意思決定

とっさの意思決定とは異なり、決断までに時間的猶予のある「じっくり考える意思決定」では、その分実行できることは多い。前述のとおり意思決定のプロセスは大きく5つあるが、ここではその5つのプロセスに従って、「じっくり考える意思決定」について検討することにしよう。

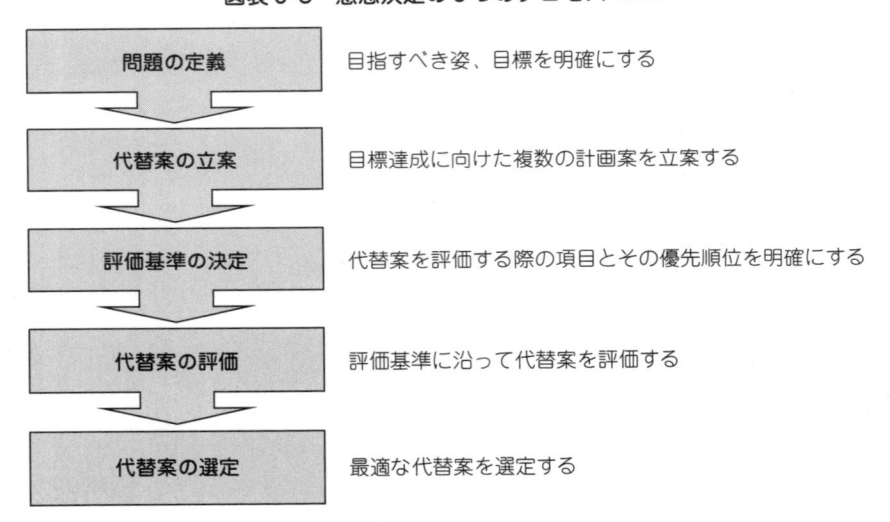

図表6-8　意思決定の5つのプロセス（再掲）

問題の定義	目指すべき姿、目標を明確にする
代替案の立案	目標達成に向けた複数の計画案を立案する
評価基準の決定	代替案を評価する際の項目とその優先順位を明確にする
代替案の評価	評価基準に沿って代替案を評価する
代替案の選定	最適な代替案を選定する

（1）問題の定義

問題の定義とは、現在意思決定を迫られている状況において自分が何を目指そうとしているのか、何を目標としているのか、を明確にすることである。これを見誤ってしまうと、意思決定そのものも誤った方向に進んでしまうことになる。しかし現実には私たちは意思決定に際して、常にこの問題の定義をしているかというと、実はそうではない。

「あなたは今、上司から会社の不正工作を指示された。不正は偽装でも談

合でも何でもいい、自分にありがちな状況を思い浮かべてほしい。いずれにしても不正の中身自体が国民を欺くものであり、道義的に許されるものではなかった。皆さんは不正を暴くべく内部告発のために文書を書き始めた……」。

　だがちょっと待ってほしい。たしかに会社の不正を暴くことは大切だ。しかしあなたにとって、会社の不正を暴き、世に知らしめればそれでよかったのか。単なる自己満足に過ぎないか。内部告発したあなたの社内での立場は？不正を暴かれた会社の業績は？そしてあなたの給料は？あなたは不正を暴くと同時に自分の身も守る策を講じなければならない。否同時ではなく、むしろ自分の身を守ることを先に考えるべきである。以前に取引先の不正を告発した納入業者が同業他社から締め出され、倒産を余儀なくされるという事件があった。これでは何のための告発だったのかわからなくなってしまう。究極的にあなたが目指すべき姿は、不正も暴き、あなたも幸せになっていることのはずである。

　じっくり考えて意思決定をする際には、どうか慎重に考えてほしい。その意思決定をすることによって自分がどのような状態になるのか、あるいはなろうとしているのかを今一度確認してみる必要がある。

　ここまで読むとお気づきの方もいるかもしれないが、問題の定義とは第1章の「目的探索の思考」そのものといっていい。詳しくは第1章をもう一度振り返ってもらうこととするが、いずれにして意思決定の際には、今いちど自分の目的、目標といったものを改めて考えてみる必要がある。

(2) 代替案の立案

　基本的に、自分のとり得るすべての選択肢を想定する。理想的選択肢から最悪の選択肢まで、すべてを漏れなく想定することが大切だ。なぜなら、私たちは無意識のうちに自分に都合のよい選択肢を残し、そうでないものを排除しようとしてしまうからである（期待バイアス……観察の思考）。

面倒でも、まずすべての選択肢を書き出してみる。このとき抜け漏れがない（MECE）ように気をつけなければならない。

ここに面白いデータがある。将棋の実力と次の一手を考える時間の相関を調査したデータである。

図表6-9　将棋の実力と次の一手を考える時間の相関

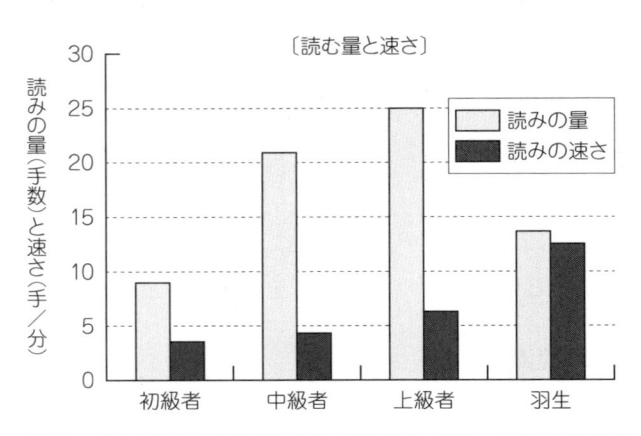

〔各棋力の平均回答時間〕

〔読む量と速さ〕

（出典：『先を読む頭脳』羽生善治・伊藤毅志・松原　仁著／新潮社）

このグラフを見るとわかるように、初級者から中級者そして上級者となるにつれ、読みの量つまり選択肢の数は増えていく。つまり上級者ほどあらゆ

る状況を想定して、選択肢を検討しているということになる。数多くの選択肢の中から最適な一手を見つけ出すことが、将棋における実力アップの第一歩というわけだ。

面白いのは史上最強の棋士といわれる羽生善治氏のデータである。読みの量つまり検討した選択肢の数が中級者よりも少ないのである。これは本人が著書の中でも語っているように、「概ね一局面の指し手は80手あるといわれる中で最初にこれは！と思う2〜3手に絞り込んでしまう」からということらしい。超上級者ともなれば、こうしたほぼ直感ともいえる選択肢の絞り込み方もあるのかもしれない。

凡人である私たちはまず、なるべく多くの選択肢を挙げ、その中から最適解を見つけ出していく訓練から始めなければならない。

（3）評価基準の決定

ここでは評価の項目を決定することはもちろんのこと、意思決定にあたってのスタンスも明確にしておかなければならない。評価項目については「問題の定義」における目標、目指すべき姿が明確になっていれば、おのずと決定される。したがって、ここでは主に意思決定のスタンスについて考えてみることにしよう。

相手がいる場合の意思決定で、双方がそれぞれ複数の案を持ち、それらの組み合わせによって双方の利得が決定する場合、どのような意思決定がどのような利得（または損失）をもたらすのかを簡単な表としてまとめておくと意思決定が行いやすくなる。このような表を一般に「ペイオフ表」と呼ぶ。

ここでは、相手の取り得る意思決定について、情報がなく相手がどの戦略案を選択するのかの確率も未知の状況で、自分がどのような意思決定をとるべきかについて考える。よってここでは、現在の状況において、どのような基準を用いるかの判断が必要となってくる。

ペイオフ表の作成方法は、以下のとおりである。

① 3×3、4×4のようなマトリックスを作成し、縦に自分の戦略案、横に想定される相手の戦略案を記入する。
② マトリックスのそれぞれのマスに、その戦略を選択したときに想定される得点や利得を記入していく。

例として、サッカーの戦術を取り上げてみる。相手チームの守備体系が、"攻撃的3バック""守備的3バック""4バック"の3パターンが想定されるとする。それに対して自チームの攻撃体系を、"1トップ""2トップ""3トップ"のどれを選ぶかを考える状況を想定し、その利得をマトリックスで表したペイオフ表が下表である。

図表6-10　マトリックスで表したペイオフ表

		相手		
		攻撃的3バック	守備的3バック	4バック
自分	1トップ	3	1	0
	2トップ	3	2	4
	3トップ	2	5	1

つまり、各チームの攻撃や守備の作戦の組み合わせ次第で、勝敗が大きく変わる可能性があるということだ。

相手の出方がわかっていれば、話は簡単だ。それに合わせてペイオフ表から自分に最適な作戦を選択すればよい。しかし相手がどう出てくるかわからない以上、このままではペイオフ表は使えない。そこで自分たちの意思決定のスタンスを決めてしまうと、おのずととるべき作戦が明確になってくる。意思決定のスタンスとは何かというと、サッカーW杯予選などでよく目にする、こうした新聞の見出しなどがわかりやすいだろう。

〔スポーツ新聞見出し〕
・日本絶対負けられない一戦
・日本引き分けでも決勝進出
・勝ち点3が予選通過の絶対条件
・得失点差○点以上の大勝が絶対条件

　試合である以上、本来勝つに越したことはないが、自分たちの置かれた状況によっては上記のように必ずしも勝たなくてもよい場面もあるし、一方で勝つにしても圧勝しなければならない場面もある。ただ単純に勝てばよい、というものでもないところが難しいところである。

①負けないための戦略〜マキシミン基準〜

　前述の棋士羽生善治氏も述べていたが、将棋の世界でもやはり負けないようにする戦略というのがあるそうである。この戦略は各意思決定案について最小の利得を求め、その中で最大の利得が得られる案を選択する基準である。最悪の事態を想定して意思決定する考え方であり、悲観的、消極的な意思決定基準といえる。

　先の新聞見出し記事の例でいえば「日本絶対負けられない一戦」とか「日本引き分けでも決勝進出」といったような場面を想像してもらえばいい。リスクを冒して勝ちにいくというより、絶対に負けたくないときの戦略である。

　ペイオフ表の見方はこうだ。

①まず自分の戦略を横に見ていき、相手の出方の中から一番利得の低いものを選ぶ。（これを自分の戦略すべてに行う）
②次にそうして選ばれた戦略ごとの最小利得の中から最大の利得となる戦略案を選択する。

　したがって、このケースつまり負けないようにするには、2トップ戦略をとることが最適の選択となる。

図表6-11　マキシミン基準のペイオフ表

		相手		
		攻撃的3バック	守備的3バック	4バック
自分	1トップ	3	1	0
	2トップ	3	2	4
	3トップ	2	5	1

（一番利得の低いここを選択）
（3つの中から最大の利得を選択）

②圧倒的勝利のための戦略〜マキシマックス基準〜

　各意思決定案について最大の利得を求め、その中でさらに最大の利得を得られるような戦略案を選択する基準である。これはマキシミン基準とは逆に、最良の状況を想定した楽観的、積極的意思決定基準といえる。

　こちらは先ほどとは逆に、多少のリスクを冒してでも絶対に勝ちにいかなければならないときの戦略といえる。新聞の見出しでいえば、「勝ち点3が予選通過の絶対条件」とか「得失点差〇点以上の大勝が絶対条件」といったケースであろう。

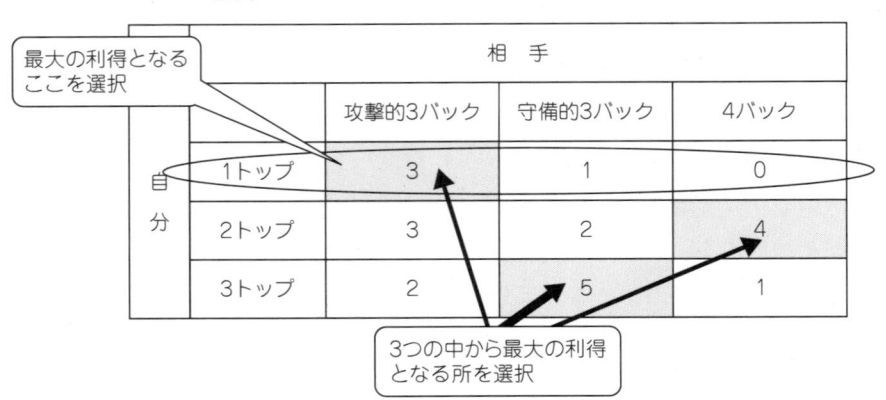

図表6-12　マキシマックス基準のペイオフ表

		相手		
		攻撃的3バック	守備的3バック	4バック
自分	1トップ	3	1	0
	2トップ	3	2	4
	3トップ	2	5	1

（最大の利得となるここを選択）
（3つの中から最大の利得となる所を選択）

ペイオフ表の見方は、先ほどと同様である。ただし今度は横に見たとき最小利得を選択するのではなく、最大利得を選択し、さらに3つの最大利得の中から最も利得の高い戦略案を選択することになる。したがって、このケースつまり絶対に勝たなければならないときは、3トップ戦略が最適の選択となる。

③無難な戦略〜ラプラス基準〜

相手がどのような戦略案を選択するのかわからない場合、すべてが同じ確率で選択されると考え、そのときの期待値が最大となるような意思決定を行う。このときの意思決定のスタンスがラプラス基準である。標題にもあるように「無難な戦略」である。前述のマキシミン基準とかマキシマックス基準といったような特別な背景事情を抱えていなければ、通常私たちはラプラス基準のような考え方をしていることが多い。もちろん厳密に期待値を計算したりはしていないが、なんとなく平均的に利得が高そうな選択肢を選ぼうとしているものである。その意味ではラプラス基準は無難だが、最も私たちの通常の感覚に近い意思決定基準といえるかもしれない。

ラプラス基準の考えた方はこうである。
① 自分の戦略案を横に見ていき、すべての利得の平均値を求める。
② 利得の平均値の最も高い戦略案を選択する。

$E(1トップ) = (3 + 1 + 0) / 3 = 1.33$

$E(2トップ) = (3 + 2 + 4) / 3 = 3.00$ → Max

$E(3トップ) = (2 + 5 + 1) / 3 = 2.67$

(4) 代替案の評価・選定

代替案の評価・選定におけるポイントは、以下の2点である。
① 偏向せず客観的に評価する
② 定量化を図る

定量化も客観化の一部ではあるが、客観化には今回別の視点つまり"偏向せず"という意味を含めているため、敢えて別項目としている。

①偏向せず客観的に評価する

観察の思考でも出てきたことだが、私たちは事前の自分の期待や考えに沿ったものの見方や選択をしてしまう傾向が強い。つまり自分の考えや期待とは異なるものには否定的な評価を与えてしまいやすいわけである。だから、そうした恣意的な評価に陥らないように、客観的に評価できるようにしておかなければならない。そのために私たちは、意思決定の際に陥りやすい思考の罠について検討してみる必要がある。

●アンカリング

まずこの問題から考えてもらうことにしよう。

〔演習問題〕

「アフリカの国の数は10カ国より多いか少ないか」。

実際の答えを知っている人は別として、さて皆さんはどのように考えただろうか。メタ認知である。自分がどのように考えたのか振り返ってみてほしい。

基本的にアフリカの国の数は10以下ということは常識的に考えにくい。したがって多くの皆さんは「10カ国より多い」と考えたはずである。このとき思考がそこでとまらず、では何カ国だろうか、と考えたはずである。さて何カ国だろうか。

もう一問問題である。

〔演習問題〕

「アフリカの国の数は60カ国より多いか少ないか」。

なんだ似たような問題ではないか、と思われたかもしれない。先ほど同様

YesかNoだが、今回は実際の国の数は何カ国ぐらいあると感じただろうか。

人間はひとたび思考の錨(アンカー)を降ろすと、そこを中心とした限定的な範囲でしか物事を考えなくなる傾向がある。これがアンカリングである。

最初の例でいうと、10カ国より多いか少ないか、と問われてしまうと、実際の国の数はそれより多いとはわかっていても、せいぜい20か30カ国ぐらいだろうと考えてしまう。(このときの回答の平均は25カ国)

逆に60カ国より多いか少ないか、と問われてしまうと、60カ国よりは少ないかもしれないと思いながらも60という数字を基準に考えてしまうものである。(このときの回答の平均は45カ国)

ちなみに現在のアフリカの国数は、54カ国だそうである。(2007年現在)

アンカリングの罠にはまらないようにするには、どうしたらよいであろうか。以下にポイントをまとめておくことにする。

・常に問題を別の観点から眺める。頭に最初に浮かんだ解決策に固執せず、別の出発点としての選択肢、アプローチを試す。
・人のアイデアがアンカーになるのを防ぐためにも、誰かに相談する前に、まずは独力でその問題を考えてみる。
・心をオープンに保つ。自身の情報源を広げ、なじみのない解決策にも目がいくよう、情報や意見を幅広く各層から求める。

●フレーミング

フレーミングとは、結果的に同じことをいっているのに設定の違いによって、異なった問題のように見えることをいう。同じ問題も異なる基準点を用いることで、全く違った回答を引き出すことがある。

〔演習問題〕

「あなたはいま病気にかかっており、医師から手術を勧められている。このとき医師はあなたにこういった。

『この手術の生存率は95%です』」。

さあ、あなたは手術を受ける決心がついただろうか。

ほとんどの人が「生存率95%ならよほど運が悪くない限りまず大丈夫だろう……」と思ったに違いない。ではもし医師からこんな風にいわれていたらどうだっただろう。

「この手術の死亡率は5%です」。

不安を煽るようないい方である。生存率95%も死亡率5%も結果としては同じことをいっているに過ぎない。しかし私たちの受け止める印象は異なる。前者のように生きるということを基準に考えれば、95%という数字は十分に魅力的だ。しかし死ぬということを基準に考えてしまうと、5%という数字は決して無視できない数値である。

このように、同じ内容のことをいっているにもかかわらず、表現や基準の置き方など設定の違いにより、意思決定の結果が異なってしまうことがある。これがフレーミングである。

それではフレーミングに陥らないためには、どうしたらいいのだろうか。以下にそのポイントをあげておくことにしよう。

・最初のフレーミングを自動的に信じてしまってはいけない。常に問題をさまざまな方法でフレーミングしなおすように心がける。選んだフレーミングのせいで内容に歪みが出なかったかどうか検討する。
・問題提起を中立的で、損益を両方とも表現したいい方をしてみる。例えば、「手術の生存率は95%、死亡率は5%となります」。

②定量化を図る

代替案の評価・選定のポイントの2つ目が、定量化を図るということである。定量化とは一般的には数値化と言い換えることができるが、ここでは単に数値に置き換えることだけではなく、尺度の一本化という意味も含めている。

第6章 意思決定の思考―後悔しない決断のためには―

図表6-13　意思決定の定量化

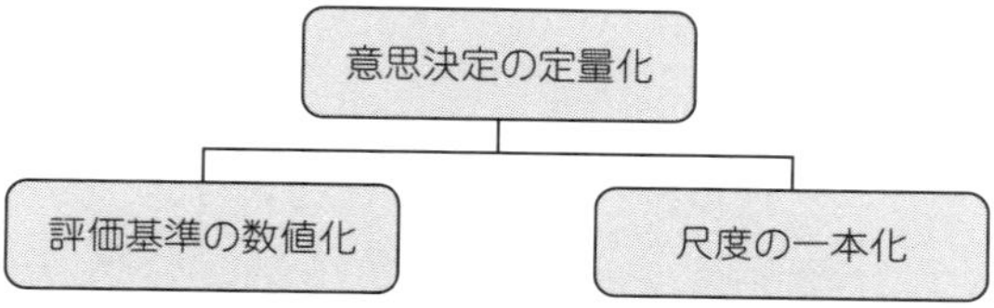

```
        意思決定の定量化
         ┌──────┴──────┐
    評価基準の数値化        尺度の一本化
```

●数値化

　例えばアンケート調査の集計では、コーディング（コード化）という作業がある。これは集められたアンケート結果の定性的なデータに数字を割り当てることで、数値化を図っていく作業のことである。具体的な例でいうと、性別の欄で男か女に丸をつけたデータは、集計の際に男は1、女は2といった具合に数値に置き換えられる。これはコンピュータで集計しやすくするという一義的な効果もさることながら、結果としてアウトプットデータの分析のしやすさやわかりやすさにつながってくる。言い換えれば、意思決定のしやすさでもある。一見すると定量化が図りにくいようなデータであっても、ひとたび数値に置き換えてしまえば格段にわかりやすくなる。代替案の評価・選定に際して定量化が大切な理由はそこにある。

　それでは具体的に評価データの測定方法について考えてみよう。

　例えばデータの測定尺度には、大きく分けると4つある。

図表6-14　評価データの測定方法

	尺度名		例
定性	名義尺度	単なる分類記号。データの大小、符号に意味はない。	性別　　男＝1　　　女＝2 回答　　はい＝1　　いいえ＝2
定性	順序尺度	データ順序つまり大小に意味はあるが、データ間の差や比には意味がない。	満足＝3　普通＝2　不満＝1 重要＝3　普通＝2　不要＝1 緊急＝3　普通＝2　不急＝1
定量	間隔尺度	データの大小、差には意味があるが、比には意味がない。	納期は契約後 10日後　　20日後　　30日後
定量	比例尺度	データの差にも比にも意味がある。	実施コスト 10万円　　20万円　　30万円

185

この中で意思決定の際には、名義尺度はあまり使われないだろうが、その他の順序尺度、間隔尺度、比例尺度などは実際に使われることは多い。表中にも記載したが、例えば、何かの取り組みの緊急度を3段階、5段階で評価するなどといったケースは少なくないだろう。いずれにしても評価基準の特性に合わせた適切な評価尺度を用いて、定量化を図ることが大切である。

●尺度の一本化
　評価基準の数値化は、ある程度割り切ってしまえば十分可能である。しかし問題なのは、複数の評価基準があり、それらの評価尺度（単位）が異なる場合である。
　具体的な例で考えてみることにしよう。

〔演習問題〕
　「仕事も順調、子供も生まれ、そろそろマンションでも買おうということになった皆さんは、いくつかのモデルルームを見て回り、夫婦で話し合った結果、以下の3物件に候補を絞り込んだ。最終決定を前に自分たちの評価基準ごとにそれぞれの物件の特徴をまとめたものが下の表である」。
　さあ、皆さんはこの状況からどのようにして最終意思決定を下すのだろうか。

図表6-15　3物件の評価基準

	A物件	B物件	C物件
駅からの距離	5分	10分	15分
価　　格	4000万円	3500万円	3000万円
眺　　望	よくない	まあまあ	見晴らしがよい
周辺環境	買い物が便利	緑が多い	学校が近い
分譲会社	地元建設会社	中堅デベロッパー	大手不動産会社

各項目ごとの評価尺度がバラバラであり、項目間の比較ができないばかりか結局最終意思決定しようにも、何をどうすればいいのかも混乱するばかりである。

そこで評価尺度の一本化が必要になる。最も簡便に尺度の一本化が図れるのが「ポイント制」である。ポイントという抽象性の高い尺度にまとめることで、項目間の単位の相違などを吸収することができる。

しかし単純にポイント化（例えば、5段階評価）してしまうと、奥さんから「眺望なんかより、買い物が便利なほうが絶対にいい！」などと項目間の順位づけの話が出てきてしまう可能性がある。そこで今度は、項目ごとにウェイト付けをする必要性が出てくる。

こうした問題の解決策としてAHP（Analytic Hierarchy Process＝階層化意思決定法）という意思決定技法がある。AHPの特徴は、意思決定者の直感や経験といった評価における心理的要素を加味できる点と評価項目間や選択肢間のウェイト付けを同時に行える点にある。つまり代替案の評価・選定のプロセスにおける2つのポイントを同時に解決してくれるわけである。

AHPは基本的には、数理的な意思決定技法である。しかし、上記の「マンション購入」問題のように複数の項目と複数の選択肢間での意思決定のプロセスをメタ認知的にモデル化し、意思決定における心理的要素を取り入れ

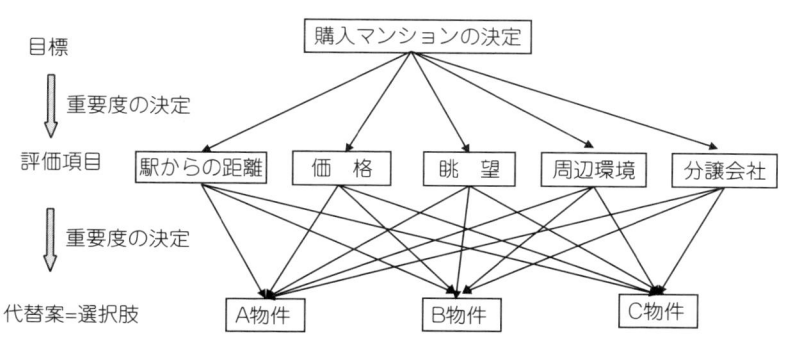

図表6-16　AHP（階層化意思決定法）

目標：購入マンションの決定
↓重要度の決定
評価項目：駅からの距離／価格／眺望／周辺環境／分譲会社
↓重要度の決定
代替案＝選択肢：A物件／B物件／C物件

ている点などは思考法としても十分に参考になるものと思われるので、敢えてこの場で紹介しておきたい。

AHP（Analytic Hierarchy Process）＝階層化意思決定法という名前のとおり、まず目標と評価項目そして選択肢を階層的な構造として捉える。ポイントになるのは、評価項目間のウェイト付けである。

AHPではなく、一般的なウェイト付けは、下記のように行われる。全評価項目を横並びで一気にウェイト付けをするのである。

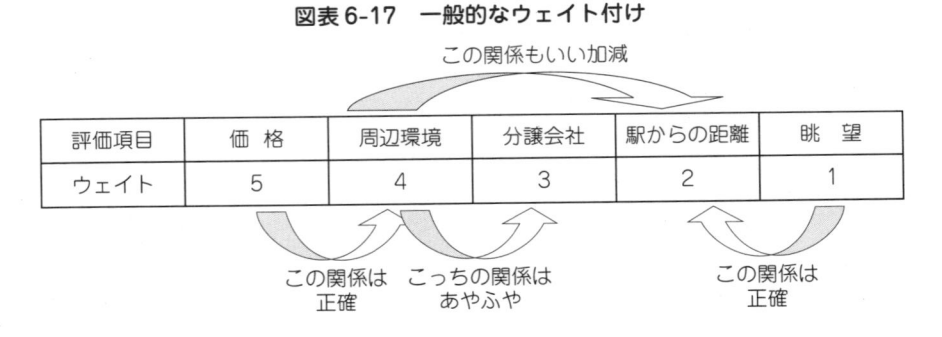

図表6-17　一般的なウェイト付け

評価項目	価格	周辺環境	分譲会社	駅からの距離	眺望
ウェイト	5	4	3	2	1

この関係もいい加減
この関係は正確
こっちの関係はあやふや
この関係は正確

すると例えばであるが、上図のような状況が起こりうる。つまり複数の項目のウェイト付けを一気に行うと、項目間のウェイト付けが必ずしも心理的なウェイト付けを正確に反映していないことが、心理学の実験でも明らかにされている。そこでAHPでは一対比較という方法をとる。

図表6-18　一対比較表

	駅からの距離	価格	眺望	周辺環境	分譲会社
駅からの距離		5	1	1	1
価格	1/5		3	5	7
眺望	1	1/3		1	1
周辺環境	1	1/5	1		3
分譲会社	1	1/7	1	1/3	

一対比較表とは、図表6-18のようなもので、各項目を2個一組としてつまり一対として相対比較を行う。これにより横並びで一気にウェイト付けしていたものより、かなり正確に心の中で感じている項目間のウェイト付けを反映することができる。

　一対比較表の作り方は、以下のとおりである。

①一対の評価項目の項目間の重要度を5段階で評価し、表中右上半分に値を記入する。
　　・AとBの重要度が同じ程度なら　　1
　　・AはBよりやや重要なら　　　　　3
　　・AはBより重要なら　　　　　　　5
　　・AはBよりかなり重要なら　　　　7
　　・AはBより絶対的に重要なら　　　9

②表中の左下半分には対称位置にある値の逆数を記入していく。

　こうしてできた一対比較表に基づき数学的処理を行っていくことで、各項目ごとの正確なウェイトが算出される。

　ここから先は、行列、幾何平均、固有値法といった数学的な処理が入ってくるので、これ以上は触れないでおくことにする。数学的な理論の理解はともかくとして、計算をするだけならAHPの入門書を買ってきてExcelなどの表計算ソフトを使えば誰にでも気軽できるので、興味がある人はぜひチャレンジしてみてほしい。

5．意思決定技法

　複数の選択肢を評価し、その中から最適な解を選択していくためにさまざまな意思決定技法が研究され、実用化されている。前述のAHPもそのうちのひとつである。しかしこれらの意思決定技法を詳述することは専門書に任せ、本書はそれらの概要を読者に紹介するにとどめたい。なぜなら本書の目

的は意思決定技法それ自体を学習することではなく、それらの根底ある考え方やそれらをうまく使いこなしていくための考え方などを紹介することにある。そしてすでに前段まででその目的は達したと思う。そこでここでは最後にこうした意思決定技法にはどのようなものがあり、どのような特徴を持っているのかを紹介することで、読者の皆さんの今後の学習の一助となればと考える次第である。

　以下に代表的な意思決定技法を挙げてみた。ここに挙げた以外にも財務分析や生産管理などのそれぞれの専門分野で使われるいくつもの意思決定技法があるので、自分の興味、関心の分野で各々調べてみるといいだろう。

図表6-19　意思決定技法の一覧

意思決定技法の名称	特徴ほか
ゲーム理論	相手がいる意思決定場面で、相手の出方によって自らの戦略案を決定するための方法論
効用理論	選択肢やその属性とそこから得られる満足感をモデル化し、人の選択行動を説明しようとする理論
線形計画法	与えられた条件を数式化し、グラフ上に図形で表すことにより最小値や最大値を求める方法
動的計画法	デシジョンツリーのように何段階もの意思決定が求められるような状況下での最適解を求める方法
決定理論	本章「評価基準の決定」の項目でも触れた意思決定のための基準（ミニマックス基準等）に沿って選択をする方法
AHP	直感や経験といった評価における心理的要素を加味し、評価項目間や選択肢間のウェイト付け行うための方法

第6章　意思決定の思考―後悔しない決断のためには―

6章のまとめ

・意思決定には、とっさの意思決定とじっくり考える意思決定がある。
・特にとっさの意思決定の際には、意思決定の先送りはしない。
・じっくり考える意思決定から"正しい反応パッケージ"を複数用意しておく。
・反復訓練により迅速に"正しい反応パッケージ"を選択できるようにしておく。

【参考文献】

『経営戦略のゲーム理論』ジョン・マクミラン著／有斐閣
『戦略思考力を鍛える』DIAMONDハーバード・ビジネス・レビュー編集部編・訳／ダイヤモンド社
『ウォートンスクールの意思決定論』ステファン・J・ホッチ、ハワード・C・クンリューサー編／東洋経済新報社
『マネジメントサイエンス入門』木下栄蔵著／近代科学社
『戦争とゲーム理論の戦略思考』竹内靖雄著／日本実業出版社
『孫子の兵法の数学モデル』木下栄蔵著／講談社
『先を読む頭脳』羽生善治・伊藤毅志・松原仁著／新潮社
『機長の決断』P・ヴェプファ、U・V・シュルーダー著／講談社
『瞬間情報処理の心理学』海保博之編著／福村出版

第7章

表現の思考
―まとめた考えを伝えるには―

7つの思考プロセス

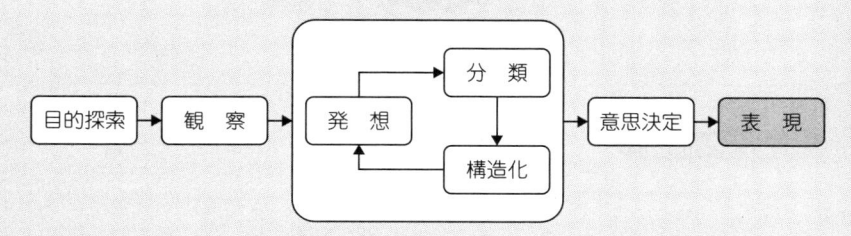

目的探索 → 観察 → 発想 → 分類 → 構造化 → 意思決定 → 表現

> 私たちは上手く表現はできないことでも、頭の中では理解できている、と思い込んでいる。

〔例題〕

　文字通り右も左もわからない幼稚園児に、右と左を説明する。道具とか物は使わない、言葉だけで説明するとするなら、皆さんならどのように説明するだろうか。

7章で学ぶこと

　本章のテーマは、「思考の幅を広げる」ことである。一般に私たちは脳の中では言葉を使って考えている。これを数値に置き換えたり、図に置き換えたりすることで、より充実した思考が可能になる。思考を表現する媒体が増えるほど、思考の幅は広がり、思考力は増す。

第7章　表現の思考―まとめた考えを伝えるには―

はじめに

　皆さんはこんな経験はないだろうか。

　例えば、頭の中にイメージは出来上がっているのに、それをうまく人に伝えられなくて、もどかしい思いをしたことがある、あるいはキチンと説明しているつもりなのに、なかなか相手に理解してもらえず悔しい思いをした、といった経験である。

　さて前頁の問題である。さらにその幼稚園児たちに、東西南北についても教えてあげてほしい。なんとなくわからせることまでなら比較的簡単である。しかし、厳密に誤解のないような説明というのは、実は不可能に近い。

　このようにわかりきっていることでも、うまく表現できないことがある。表現というのは、思考活動の結果を外に表すものであると同時に、思考活動そのものも表現である。つまり頭の中で考えるという行為そのものが、言葉や映像などを通じて行われる表現活動でもある。したがって、表現というのは思考の基盤をなす活動といっても過言ではない。

1．表現の思考の考え方

（1）表現とは

　「表現」という言葉を辞書で調べると、次のような意味のあることがわかる。

◆ひょうげん【表現】
　心的状態・過程または性格・志向・意味など総じて精神的・主体的なものを、外面的・感性的形象として現すこと。また、この客観的・感性的形象そのもの、すなわち表情・身振り・動作・言語・手跡・作品など。
（出典：新村出編『広辞苑』〔第五版〕岩波書店）

これでは"言語としての表現"が難しすぎて、それこそ作者の意図が読者に伝わっていないかもしれない。したがって、本書では表現ということをもう少し噛み砕いて、以下のように定義することとしよう。

◆本書における「表現」の定義
「思考活動の結果を言語、表情、身振り（ジェスチャー）、図、絵、写真、映像、音響等を通じて具体的な形として表すこと」。

この定義でもよくわからない、という人もたくさんいるだろう。言い訳がましくなるが、それだけ表現するというのは難しいことなのだ。特に共通の概念がない事柄を、言葉を使って定義するのは非常に難しいことなのである。

こうして考えてみると表現というのは、実に高度で複雑な思考活動の産物ともいえる。例えば、神経に不快を感じるようなさまざまな刺激（例えば、刺すような痛みというのもあれば、圧迫されるような鈍い痛みというのもある）を私たちは"痛み"という概念で定義し、その概念に「痛み」という名称をつけた。ここでは「抽象化」という大変高度な知的活動が行われている。そして私たちの思考活動は、そうした「抽象化」という営みによって支えられているのでもある。そしてその誰かが抽象化した概念の共有化を図ることで、はじめてコトバとしての表現が可能になったのである。

「痛み」の例で考えると、実際に刺すような痛みを与えておいて、「これが"刺すような痛み"というのだよ」と教えなければ、共有化は図れない。言

図表7-1　表現の定義

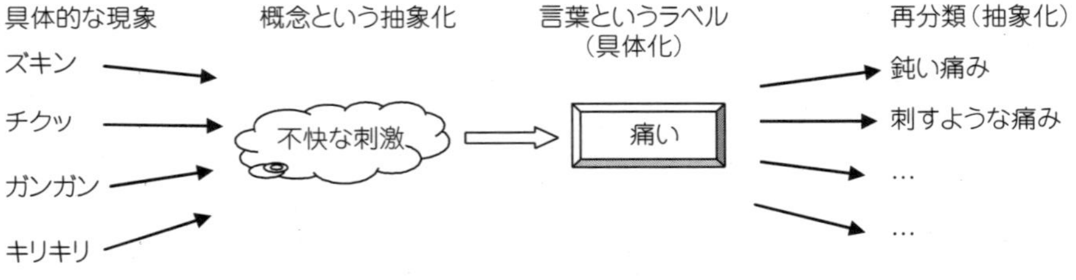

具体的な現象	概念という抽象化	言葉というラベル（具体化）	再分類（抽象化）
ズキン			鈍い痛み
チクッ	不快な刺激	痛い	刺すような痛み
ガンガン			…
キリキリ			…

葉を使って表現し、人に伝えていくというのは、実に気の遠くなるような複雑で高度な営みなのである。

2．思考と表現手段

　私たちは、さまざまな表現手段を持っている。言葉ひとつとっても、書き言葉と話し言葉がある。日常生活の中では、表情や態度、身振り手振りなどを用い、自分の気持ちや考えを表現しようとしている。それだけではない。そのほかにはイラスト（絵）であったり、音楽であったり、踊りであったり、彫刻であったり、いわゆる芸術的な表現手段というのもある。もちろん得意不得意はあるが……。

図表7-2　表現の手段

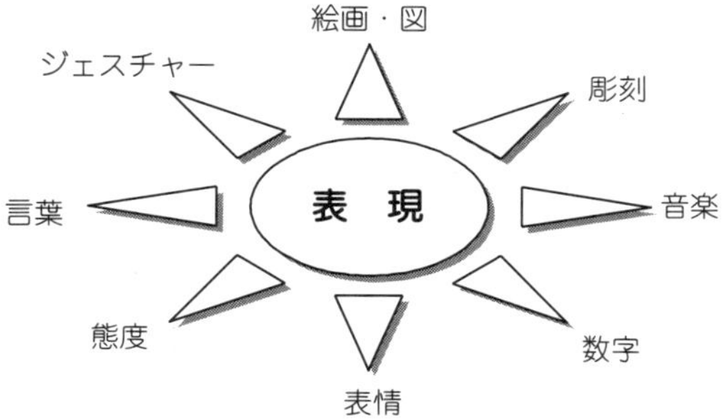

（図：中央に「表現」、周囲に「絵画・図」「彫刻」「音楽」「数字」「表情」「態度」「言葉」「ジェスチャー」）

　これらさまざまな表現手段の中で、私たちの思考つまり考えるという行為と関連が深いものは何があるだろうか。もちろん、どれも思考とは無縁ではない。しかし、音楽や絵画、彫刻といったものは芸術家の思考とは関連は深くとも、一般的なビジネスパースンには縁が遠そうである。本書は社会人や学生を読者として想定している。したがって、そういう意味ではビジネスシーンや勉強といった、誰でもかかわる機会の多い場面での有用性が高いと思われる3つの表現手段に焦点をあてることにしたい。

(1) 言葉で思考する

　地球上で言語を持つ動物は人間だけである。その人間だけが驚異的な進化を遂げたことは、やはり言語の獲得とは無縁ではないだろう。そこでここではまず、言葉という表現手段と思考との関係について考えてみたい。

〔演習課題〕
　「人間にとっての幸せとは何か。自分の考えをまとめてみよう。ただし、考えるだけである。紙に書いてはいけない。そして幸せとは、と考えている自分をメタ認知してほしい。つまり、自分がどのように考えているかをモニターしてほしい」。
　私たちが通常何かを思考するときというのは、どのような表現媒体を使っているであろうか。例えば「人間にとっての幸せとは？」と尋ねられたときに、私たちは多くの場合、「そうだなあ、自分にとって幸せとは……」といった具合に頭の中で言葉を使って考え始めるだろう。あるいは、これまでに見たこともないような美しい景色を見たときに、私たちは文字通り"言葉を失う"だろうか。このときに私たちは本当に言葉を失ってはいない。どのように表現すべきか迷っているだけで、頭の中では「言葉に表せないほど美しい景色だ！」という具合に言葉を使って考えているのである。
　つまり通常、思考は言葉という表現媒体を通じて行われる。人類は言葉（言語）を獲得することによって思考することが可能になり、その結果として知的進化を遂げてきたといっても過言ではない。
　つまり「思考は言葉に依存する」のである。

〈思考を豊かにするための言葉による表現の作法〉

①語彙を豊富にする
　前述のとおり、思考は言葉に依存する。つまり私たちは言葉を使って考

第7章　表現の思考—まとめた考えを伝えるには—

ているので、言葉が貧困であれば思考の幅も広がらないし、逆に言葉が豊富だとその分思考の幅も広がるものなのだ。だから思考力を付けるためには豊富なボキャブラリーが必要なのである。豊かな表現力が豊かな思考を生むのである。

例えば、今日私たちが何気なく使っている"自由"という言葉は、「何にも拘束されておらず、自分の意思で好きに行動できる」状態である。これを"自由"と言葉で表現している。もしそのような状態を概念定義した"自由"という言葉が存在しなかったならば、今日のように私たちは自由を謳歌していなかったかもしれない。

少なくとも自分と他者（人、組織、行政など）との関係を考える際に、自由という言葉がなかったならば、ずいぶんと不便な思いをしたに違いない。

言葉として表現するということは、前述の「痛い」の説明でもしたように、まず具体的な事象を集めて、それらを概念として抽象化するというプロセス（これを概念定義と呼ぶことにしよう）があり、次いでその概念に何らかの名称を与える、つまり概念に言葉というラベルを貼り付け、誰もが共有化できるようにするのである。そしてそのラベルを用い、さらに細分化を行い、新たな小分類の概念を作り上げていくというプロセスをたどる。

難しい言い方になってしまったが、思考活動（概念定義）の結果として言葉があり、また言葉があるから思考活動も成り立つ。つまり言葉と思考活動は表裏一体の関係にある。言い換えれば、語彙の幅が制限されれば、必然的に思考の幅も制限される。だからこそ私たちは、思考の幅を広げ、思考力を高めるためにも、まず語彙＝ボキャブラリーを増やさなければならないのである。

〔演習課題〕
・思考の幅を広げるためにボキャブラリーを増やそう。
・例えば、以下の例を別の言い方で表現してみよう。

（例）雪に閉ざされていた雪国で、春を迎え華やいだウキウキした気分を単語で表現してみよう。
（例）感動的映画のキャッチコピーを考えてみよう。
　　　全米が泣いた……、涙の感動巨編、涙なしには語れない。
（例）"痛い"と"痒い"の違いを言葉で表現してみよう。

②実体のないものを考え、名前を付ける（概念定義）

　IT技術が発達し、情報が氾濫する現代においても、実は概念としての定義が明確でない事象が数多く残されている。例えば、何か自分にとって望ましいことが起きたときに湧き上がってくる感情は、「嬉しい」という概念で定義されている。

　しかし購入した宝くじが、一等と一番違いで前後賞になったときの嬉しいような悔しいような気持ちというのは、明確な概念定義はない。例えば、この気持ちを「ウレクヤ」という概念で定義し、皆が共通の認識として持つようになると、「今日の野球の試合の結果は、ウレクヤ度70％だな」などという会話が成立し、「ウレクヤ」が具体的な思考対象として取り上げられやすくなる。

　裏を返せば概念定義されていない事柄というのは、思考の対象になりにくく、また自分の中における概念定義が少なければ、それだけ思考の対象が狭くなってしまうということである。だから未知の事柄を概念として抽象化し、それに言葉というラベルを貼り付ける練習が必要なのである。

　次の演習課題では、まず「微妙な嬉しさ」という概念定義はほぼできているので、ネーミングと具体的な尺度作りにチャレンジしてみてほしい。

〔演習課題〕
　「大切な人からプレゼントをもらった。しかしその品物は、自分のほしいものとは少し違った。このときの微妙な嬉しさを表現すると？……」。

単位を決めて、尺度の基準例を挙げてみてほしい。

③言葉の定義を明確にする

　言葉を使うときに、その言葉の定義を明確にしておくことは重要である。私たちは普段、そうしたことに無頓着に言葉を使っている。そのことが原因で真意が十分に伝わらなかったり、議論が堂々巡りになっているにもかかわらず、である。

　例えば「ウチの会社の待遇はイマイチだな」というときの待遇とは、給料のことを指しているのかもしれないし、福利厚生などの制度のことを指しているのかもしれない。つまりここでいう待遇とは、給料プラス福利厚生施設の充実度などの総合的な評価のことを意味している、といった具合にその言葉の定義を明確にしておかないと議論の際に誤解を生みやすい。

　さらにいえば"イマイチ"というのも、最近聞いた友人の非常に待遇のよい会社と比較してなのか、それとも業界平均と比較してのことなのか、あるいは日本の企業全体との比較なのかもあいまいである。

　こうしたあいまいな表現を用いるのは、通常２つのパターンが考えられる。ひとつはこれが最も多いのだが、その言葉を使っている本人も漠然とした認識しか持っていないケースである。２つ目のパターンは、具体的に表現することがはばられるようなときに、敢えてあいまいな表現を用いる。例えば、上のケースでいえば、給料が低い、と直接的にいうのはあまりにお金のことばかり考えているみたいなので、待遇というもう少し間接的な表現で給料ということを表現したかったからである。

〔あいまいな表現〕

　合理的、効率的、活性化、標準化、多様化、多角化、大量化、能率的、多面的、明確化、重点化、推進、確立、拡大、充実、低減、順次

④考えたことを文字（文章）にする

　作文が苦手な人は多い。うまく文章にならないからである。言いたいことはあるのだけれども、いざそれを文字にして文章として組み立てようとすると、なかなか先に進まない、という経験は多くの人が持っているはずである。こういうときの言い訳は大体決まっている。

　「言いたいことは頭の中にちゃんとあるんだけどね……」
　「国語が苦手なんですよ……」
　「どうも文章力がなくて……」
　「頭の中で整理はできているんだけど、うまい表現ができなくて……」

　共通しているのは、「頭ではわかっているんだけど、文章にできない」という点である。しかしこれは結局「頭でもわかっていない」のである。文章にできないというのは、実際に文章という目に見える客観的なものにしてしまうと話の筋が通っていないことが明らかになってしまうので、文章にできないだけなのである。

　本当にきちんと頭の中で整理できて理解できている事柄ならば、多少表現が稚拙であっても筋の通った文章が書けるはずである。極端にいえば箇条書きでもいいのである。それができないというのは、自分のいろいろな主張が頭の中でごちゃごちゃになっており、整理できていないだけである。

　だから考えを整理するためには、逆に文章を書いてみることである。多少表現など稚拙でも構わない。要は、文章の骨格がキチンと組み立てられていて、筋が通っていればいいのである。それに慣れてくるとだんだんと文章の表現もこなれてきて、人前に出しても恥ずかしくない文章になってくるものである。最初のうちは慣れなくていろいろ苦労するかもしれないが、「考えを文章にまとめる」というのは非常に重要な行為である。ぜひ皆さんも日頃から実践してみることをお勧めしたい。

　筆者は例えば、ある事柄について自分がどれほど理解できているかをチェックするために、その事柄について自分の意見なり考えを文章にしてみ

ることにしている。

（2）数値で思考する

①数値で考える感覚

　有名な話なので知っている人もいるかもしれないが、ヤマト運輸の今日の礎を築いた小倉昌男ヤマト運輸元社長は、その著書『小倉昌男　経営学』の中で、宅急便に進出するときの苦労話として、センターの数をいくつにするかで悩んだことについて触れている。

　当然のことながら宅急便のモデルは日本にはない。効率よく集配するためには、どれくらいのエリアに一箇所のセンターを設ければよいのだろうか。そして日本全体で何箇所のセンターを設ければ輸送ネットワークが完成するのだろうか。まったく雲をつかむような話である。読者の皆さんも一緒に考えてほしい。何を基準に宅急便のセンターの数を決めればよいのだろうか。

　当初小倉元社長は、郵便の集配局の数を参考にしようと考えた。数は約5000局。しかし集配局とはいえ扱っているのは小包だけではない、数が多過ぎるのではないかと考えた。次に参考にしたのが公立中学校の数であった。これは全国で11,250校あった。中学の場合、歩いて通うのが原則だから、車で集配するヤマト運輸はもっと少なくていいはずである。最後が警察、これが全国で約1200。全国を満遍なくカバーし、必要とあらばパトカーで駆け付けられる距離にあるのが警察署である。ヤマト運輸は当初の営業所数の目標を1200とした。

　ここで大切なのは、「数値で考える」感覚である。小倉元社長は、まったく何もないところからいろいろな事例に基づき数値で考え、具体的な数値を創造してきた。そこにヤマト運輸の今日の姿がある。前項では言葉が思考を豊かにしてくれることを理解した。これに数値を加えると、さらに思考が豊かになる。数字は誰が使っても同じ結果が出る。1＋1は誰が計算しても必ず2になる。客観的な表現が可能なのだ。だから数値で表現すると、ロジカ

ルになる。数値で表現するということは、いいことずくめなのだ。

　数値で考えるためには、大きく2つのプロセスが必要である。ひとつは数値化されていないものを数値化するという最初のプロセスと、次に数値をどのように見ていくのかという分析のプロセスである。

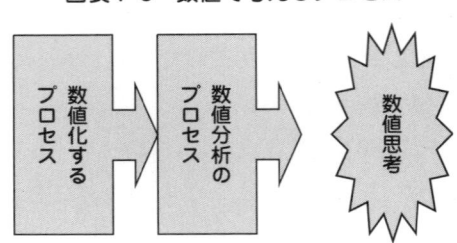

図表7-3　数値で考えるプロセス

数値化するプロセス → 数値分析のプロセス → 数値思考

②数値化するプロセス

　数値化するプロセスでのポイントは、まず何でも数値に置き換えることである。そしてそれを習慣化することが必要だ。

　ビジネスシーンでは、売上げや経費として考えるとわかりやすいであろうし、有益でもある。筆者がよくやっていることは、お店などに入ったとき、その店の売上げを予測することである。例えば居酒屋であれば、何席くらいあって、客の平均的な滞留時間がどれくらいで、だから営業時間と合わせて考えると、客席回転数が何回転くらいになるだろうと考える。そして今度は1人の客がどれくらい注文するのかを観察し、客単価を推測する。これらの数値から店の売上げを予測するわけである。

　数値で考えるためのトレーニングは、自分ひとりでいつでもできる。考える材料は身の回りにいくらでもある。前述の店の売上げ以外にも、例えばニュースなどで「ビールの消費量が東京ドーム○○杯分……」といった表現が出てくるが、このときの東京ドーム1杯分とは一体どれくらいの量なのか。つまり東京ドーム1杯は何リットル？なんて考えてみるのも悪くない。電車

のカタンカタンという走行音の間隔からレール1本の長さを予測してみるのもいいかもしれない。

とにかく日頃から数値で考える感覚を磨いておくことが大切である。

〔数値感覚を磨くトレーニング例〕
・電柱の高さを推測してみる。
・飛行機の平均時速を推測してみる。
・東京～福岡間の距離を概算してみる。
・銃弾のスピードを推測する。
・髪の毛の本数を概算してみる。
・髪の毛1本の寿命を推測してみる（理髪店に行く最適頻度）。
・自動車が100km進む間にタイヤは何回転しているのか。
・バスの運行経費を概算してみる（損益分岐点乗客数の算出）。

過去に筆者がやったことがあるものを思い出すままに挙げてみただけでも、これだけのものがある。大げさにいえば、世の中のものすべて数字に置き換えることができるくらいである。材料には困らないはずである。とにかく身の回りのものから手当たり次第に数字に置き換えるトレーニングを始めてみてほしい。

数値化するプロセスのポイントの2つ目は、数値に置き換える際に細かいところにはこだわらず、概算で考えるということである。失敗学の権威である畑村東大名誉教授も、数値化する際に倍や半分は誤差の範囲である、といっている。細かい数値にとらわれてしまったり、正確性を求めるあまり数値化しないことのほうが、よほど問題なのである。

前述の東京ドーム1杯分などというのも、極端な話ケタが違いさえしなければ、実用上はそれほど大きな問題にはならない（正確には124万立方メートルだそうである）。そもそも実用上問題になるようなケースであれば、最初から東京ドーム1杯分などというあいまいな表現は使わないはずでで

ある。

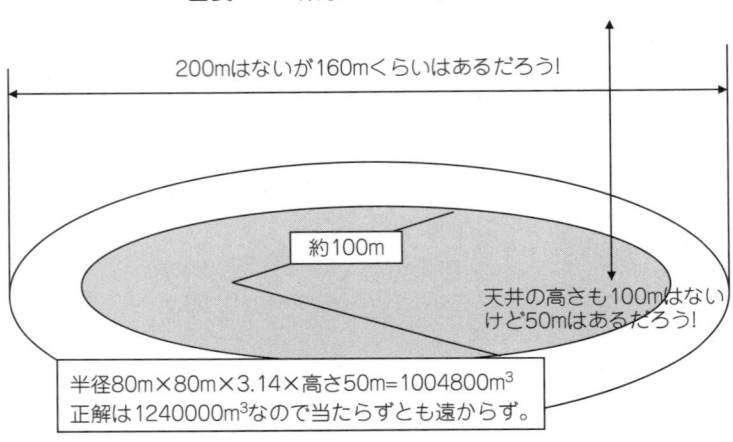

図表7-4　東京ドーム1杯分とは？

200mはないが160mくらいはあるだろう！

約100m

天井の高さも100mはないけど50mはあるだろう！

半径80m×80m×3.14×高さ50m=1004800m³
正解は1240000m³なので当たらずとも遠からず。

　上の東京ドームの例で考えてみることにしよう。そもそも東京ドームは円ではない（近いかもしれないが……）。しかしとりあえずそれに近そうなので、円として計算してしまう。次に直径を求めたいわけだが、手掛かりはホームベースからフェンスまでが大体100メートルくらいだったという、うろ覚えの知識だけである。いくらなんでも外野席とバックネット裏席合わせて100メートルの奥行きはないにしても50メートル、いや60メートルくらいはあるだろう、そういうことにしよう！だからグラウンドの100メートルとあわせて直径約160メートル。半径にして80メートルほどではないかと概算する。

　次に高さである。これが実際に迷った。というのも球場内に高さの目安となるようなものがなかったからである。そこでとりあえず、仮説として高さ100メートルと考えてみた。30階建てのビルの高さである。ちょっとした高層ビルだ。さすがにそれほど高くはないんではないかと思えた。次に少し低くしてみて高さ80メートルつまり半径と同じ高さで考えてみた。半径と高

さが同じということは、いうなれば半球状のお椀を伏せた形になる。これだとかなり球として飛び出した形になっているはずである。しかし現物の東京ドームはもう少し平べったい印象である。

　というわけで今度は高さを50メートルとして考えてみた。16、7階建てくらいのビルの高さだろうか。これくらいの高さならよくある。10階建てくらいのビルの高さだとちょっとしたフライでも天井に引っかかってしまいそうだが、16、7階くらいあれば大丈夫そうに見える。というわけで高さは50メートルに決定する。こうして計算した結果が前頁の図である。

　ずいぶん乱暴な決め付けや大雑把な計算をしてきたようだが、それでも23％程度の誤差である。まったく何もわからなかった状態から、少なくとも100万立方メートルくらいの容積があることがわかっただけでも大きな進歩である。繰り返すようだが、まったく知らないままでいるより23％程度の誤差であれば、知っていたほうがいいことはいうまでもないだろう。

　数値化するプロセスのポイントの3つ目は、暗算で考えることである。当然のことながら、電卓を使えば答えはすぐにわかる。時間の節約になる。しかし計算のプロセスに直接かかわらないから、数に対する感覚は磨かれない。次の演習問題で考えてみよう。

〔演習問題〕

　「18 × 18の答えをできる限り早く出す。電卓等は使わない、多少の誤差は可」。

　さて皆さんはどのように計算しただろうか。筆算？それでは時間がかかりすぎる。途中で投げ出してしまった人もいるかもしれない。

　ではどのように計算するのか。18 × 18をそのまま暗算で計算していたら、繰り上がりとかがあって少々面倒くさい。そこで計算をわかりやすくするために18 × 20で計算をしてしまう。これなら誰でも暗算できる、360である。多少の誤差も可なのでこのまま360でもいいが、これでは誤差が大きすぎる

ので、もう少し計算してみることにしよう。18 × 18 と 18 × 20 の差は、18 × 2 である。つまり先ほどの 360 では、36 ほどまだ答えが大きくなってしまう。したがって答えは 324 である。

　本書の目的は速算術や暗算のテクニックを紹介することではないのでこれくらいにしておくが、要は暗算をすることによって、前述のように数字をこねくり回す習慣が身につくということである。

〔演習問題〕
　「1 日は何秒？」。
　まずは 60 秒 × 60 分で 1 時間は 3600 秒、これが 24 時間なので計算式自体は 3600 × 24 = ○○ ということだが、これをそのまま暗算するのは少々難しい。そこで数値をいろいろな角度からこねくり回すわけである。計算する上で 24 というのはどうにも半端である。では 25 なら計算しやすいかといえばそれも面倒である。ところが 100 倍して 1/4 にするのは簡単そうである。3600 秒 × 100 = 360000 秒。36 万秒を 1/4 にすると割切れて 9 万秒となる。かなり答えに近づいてはきたが、これでは 3600 × 25 のままである。しかし後は簡単である。つまり 9 万秒から 1 時間分の 3600 秒を引けばよいだけである。したがって答えは、86400 秒ということになる。

　どうであろうか。文字にしてしまうと少々面倒くさそうではあるが、頭の中で暗算でやっていると意外と簡単なものである。

　以上が数値化を図っていく上でのポイントである。もう一度そのポイントを並べておこう。
・数値に置き換える
・概算で考える
・暗算する

③数値分析のプロセス

次に数値分析のプロセスである。数値分析といっても難しい数学の知識が必要なわけではないので、安心してほしい。

基本は下図の4つの視点である。

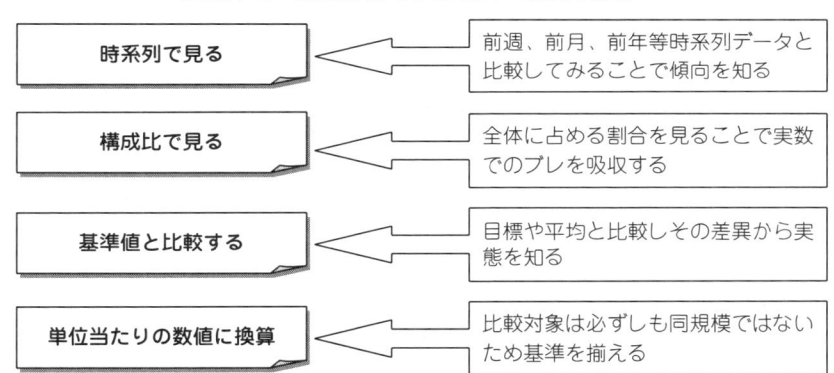

図表7-5　数値分析のプロセス〜数値の見方〜

時系列で見る	前週、前月、前年等時系列データと比較してみることで傾向を知る
構成比で見る	全体に占める割合を見ることで実数でのブレを吸収する
基準値と比較する	目標や平均と比較しその差異から実態を知る
単位当たりの数値に換算	比較対象は必ずしも同規模ではないため基準を揃える

1）時系列で見る

変化を知るためには、時系列データの分析が不可欠である。ただこのとき注意しなければならないのは、絶対数値のみの変化を追うのではなく、対前年伸び率の算出や基準年度に対する指数化、単位当たり数値への変換を行うなど、より精緻な分析が求められるということである。

2）構成比で見る

構成比で見るということは、全体に対する割合で表現するということである。例えば、母数の異なる集団間の比較（売上げ規模の異なる会社間）の場面などでは絶対値では比較できないものであっても、構成比に置き換えることによって比較が可能になるケースも多い。

3）基準値と比較する

基準値とは、平均値でもいいし、目標数値であってもよい。自分たちでこれを基準にしようと決めたものに対して比較をしていく。この場合、ただ単純に基準値と実績値の差を出すだけではなく、達成率などの数値に置き換えていくことによって、項目間の比較が行いやすくなる。

4）単位当たり数値に換算

1人当たり、1台当たり、といった単位当たりの数量に置き換えて考える。構成比と同様、母数の異なる集団間の比較に適している。

(3) 図解で思考する

①図解で思考するメリット

図解で考える一番のメリットは、わかりやすいことである。多少複雑なことであっても、図解することで大変わかりやすくなる。例えば、K君はY子さんが好きなのだが、Y子さんはR君のことが好きだとしよう。俗にいう三角関係である。これくらいなら図解するまでもなく頭の中だけでも理解できる。

では次のケースはどうだろう。K君はY子さんのことが好きで、R君はM子さんのことが好きである。ところがM子さんはK君のことを好きであり、Y子さんはR君のことが好きなのである。

どうだろう。落ち着いて読めばそれほど難しい話ではないが、深く考えず

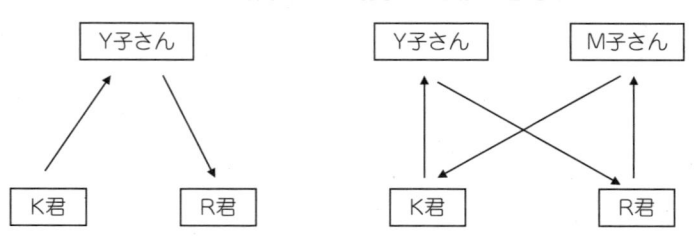

図表7-6 三角関係・四角関係を図解で思考する

第7章　表現の思考―まとめた考えを伝えるには―

読んだだけだと、誰が誰を好きで誰に好かれているかは理解できないであろう。ここで図解である。

図表7-6の右側のような状態を四角関係というのかどうかわからないが、言葉だけでは理解しにくかった四角関係が一目瞭然である。これが図解のメリットである。

②図解でできること、できないこと
　1）他人の図解はわかりにくい

ビジュアルでセンスもよく、とてもキレイな図だが「何が言いたいのかよくわからない」図に出会ったことはないだろうか。実は筆者は他人の図解は大の苦手である。なぜなら他人の図解は書いた本人はわかっていても、見せられたほうにはわからない論理展開があったりして理解に苦しむことが多いからである。

多くの人は、何でも図解にしたほうがわかりやすいと勘違いしている。たしかに図解は情報をシンプルにして物事の骨格だけを見せてくれるので、本質を理解するのには適している。しかし裏を返せば、図解とは情報を削ぎ落とす作業に他ならない。したがって、キチンと論理展開された文章などに比

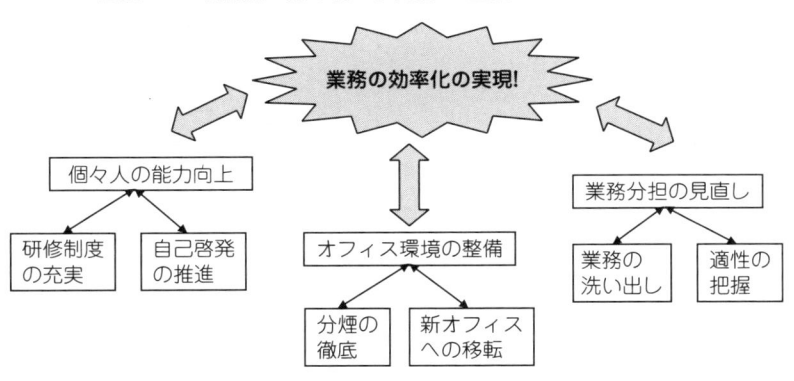

図表7-7　「業務の効率化の実現」の図解、わかりやすい？

業務の効率化の実現!
├─ 個々人の能力向上
│　　├─ 研修制度の充実
│　　└─ 自己啓発の推進
├─ オフィス環境の整備
│　　├─ 分煙の徹底
│　　└─ 新オフィスへの移転
└─ 業務分担の見直し
　　　├─ 業務の洗い出し
　　　└─ 適性の把握

べればわかりにくくて当然なのだ。それを理解せずに何でも図解しようとすると、一見ビジュアルで華やかではあるが、不要な情報が詰め込まれた、しかし中身の薄い理解不能な図解が出来上がってしまう。

　なぜこのような事態が生じるのかというと、キーワードだけで表現しようとしていることが挙げられる。

　例えば、皆さんは図表7-7を見て、どういう意味であるかすぐに理解できるだろうか。もし理解できたと思ったとしても、それは勘違いである。なぜなら「業務の効率化の実現」というキーワードが記されていはいるが、それが果たして目指すべき事柄なのか、あるいは何かの帰結として実現された事実なのかは、これだけではわからないからだ。この図のままであれば、どちらの可能性も考えられてしまう。また図解の特徴としてよく矢印で要素間をつないで見せることがあるが、これも図解をわかりにくくする要因のひとつでもある。因果関係であっても並列関係であっても時間の変化であっても、何でも矢印！本人にはここは因果関係、こちらは時間の変化ということはわかっていても、他人には皆目見当はつかない。

　図解を否定しているのではない。図解の限界を理解した上で図解の思考をしてもらいたいのだ。図解は万能ではない、図解には図解の特性がある。

③図解の特性

　図解の特性は簡単にいってしまえば、シンプルに構造を見せてくれることと全体像を一覧できることに尽きる。それ以外のことを図解に求めようとすると、かえってわかりにくくなってしまう恐れがある。
・物事の本質や骨格を理解するのに適している。
・物事の全体を俯瞰（一覧）することができる。
　図解のメリットのひとつは、複雑な事柄を図解することでシンプルに表現することでわかりやすくすることである。余計な情報を排除することで、本質や骨格を理解することができる。

もうひとつのメリットは、全体を俯瞰できる一覧性である。私たちの頭脳は一度に認識できる範囲というのは意外と狭い。前述のように三角関係までであれば一度に認識できても、これが四角関係になってしまうと一度には認識できなくなってしまうことからも明らかである。だからこそ図解するメリットがあるわけだ。図解には人間が一度には頭で理解できないことを、一覧して見せられるというメリットがあるということである。

④図解で思考するポイント

特にここでは、他人に見せるための図解ではない、ということに注意してもらいたい。他人に見せるということを考えると、シンプルすぎても貧相だとか余計なことを考えて不必要な情報まで詰め込んでしまう。図解で思考するということは、自分が理解できればよいのである。自分の思考の助けになればいいだけであるから、シンプルなほうがいい。そう、図解で思考するポイントのひとつは、シンプルに、である。

2つ目のポイントは、頭の中だけで考えようとするのではなく、とにかく紙に書いてみることである。頭のよい人に限って陥りやすいのが、頭の中で図解してしまうという失敗である。頭の中での図解はその場で理解できても保存性がないため、結局後で訳がわからなくなってしまうことも多い。図解で思考する第一歩は、まず紙に書いてみることだ。面倒臭がらず、とにかく紙に書き出し始めてほしい。

3つ目のポイントは、書き直すことを恐れないこと、である。人はとかく一度書いたものに固執してしまう。消すのがもったいなくなってしまい矛盾に薄々気づきながらも書き進めてしまうことがある。最初に「これだ！」と思ったことでも後々冷静に考えてみれば、「少し違うな」と感じることも少なくない。こういうときは思い切って白紙に立ち戻る勇気が必要だ。図解のメリットは、本質をシンプルに、である。何かが違うと感じたものは決して本質ではない。

4つ目のポイントは、既存の図解にどんどん当てはめてみる、ということである。図解するときのポイントは、やはりその構造を解き明かすことであるが、筆者の個人的な感覚からすると、あいまいで構造がわからない事態に直面したときに、その構造を分析的に捉えて解明していくというより、現実には既存のさまざまな構造に当てはめていくほうが現実的だったりする。現実問題として世の中にはそれほど多くの"構造"はない。だから極端な話し、片っ端から既存の構造に当てはめてみればよいのである。主だったものは第5章「構造化の思考」ですべて紹介しているので参考にしてほしい。
　最後に図解で思考するポイントを整理しておくことにしよう。
①シンプルに書く。
②まず紙に書いてみる。
③書き直すことを恐れない。
④既存の構造図解に当てはめて考える。
　以上の4点である。

第7章　表現の思考―まとめた考えを伝えるには―

> **7章のまとめ**

・思考の幅を広げるためには表現の手段を多く持つこと。
・どのようなことでも言葉で表現（文章に書く）することを習慣付けること。
・数字で表現することに日頃から慣れておくこと。
・図解は見栄えではなく、シンプルでわかりやすいこと。

【参考文献】

『おもしろ言語のラボラトリー』森義昭編著／21世紀の認知心理学を創る会編／北大路書房
『記号と情報の行動科学』木下富雄・吉田民人編／福村出版
『数学的思考法』芳沢光雄著／講談社現代新書
『論理表現のレッスン』福澤一吉著／日本放送出版協会
『数に強くなる』畑村洋太郎著／岩波新書
『新しい単位』世界単位認定協会編著／扶桑社
『図で考える人の図解表現の技術』久恒啓一著／日本経済新聞社
『実戦！仕事力を高める図解の技術』久恒啓一著／ダイヤモンド社
『図解する思考法』西村克己著／日本実業出版社

索　引

【あ行】

AIDMA（アイドマ）　148
圧倒的勝利のための戦略（マキシマックス基準）　180
アナロジー　66
アンカリング　182
いしけってい【意思決定】　161
意思決定技法　160
意思決定の先送り　166
意思決定の思考　16
因果構造　151
AHP（Analytic Hierarchy Process）　187、190
NM法　101
遠心構造　151
オペレーションズリサーチ　160

【か行】

階層化意思決定法　187
階層構造　150
概念定義　200
書き手、話し手の意図　55
隠された前提条件　56
学術体系　117
考える運動神経　7、13
考える基礎体力　7
関係性　129
かんさつ【観察】　47
観察のしかた　48
観察の思考　15
規則・秩序　66
希望点列挙法　97
強制連想法　89、93、103
ゲーム理論　160、190
決定理論　190
欠点列挙法　97
権威に訴える　65、67
語彙　198
こうぞう【構造】　131

構造化の思考　15
ゴードン法　99
効用関数　160
効用理論　190
個人の経験　66
個人の見解　66
個人の推薦　66
固定観念　53、54
言葉で思考する　198
言葉の定義　201

【さ行】

再生的想像　99
自己防衛の心理　47
じっくり考える意思決定　163、174
シネクティクス法　103
自分で情報を収集する　59
自分の期待や本音とは逆の結論　56
尺度の一本化　186
集合網羅　123
収束思考（Stopの思考）　75
自由連想法　89、91、103
循環構造　150
循環的な変化　24、25
状況の構造化　35
焦点法　103
情報の裏側　55
食物連鎖　129
親和構造　150
数値化　185
数値で考える　203
数値で思考する　203
ズームアウト思考　49
ズームイン思考　48
SWOT分析　141
図解で思考する　210
スパイラルアップ構造　150
セグメンテーション（市場細分化）　114

セグメンテーション変数　115
線形計画法　190
全体構造　129
先入観　47
相関構造　151
相互排他的　117
相互背反　123
創造的思考　8
創造的想像　99
属性列挙法　94
組織　133

【た行】
代替案の選定　161
代替案の評価　161
代替案の立案　161
他者のウソ　67
他者を通して情報を収集する　59
段階性　118
チェックリスト法　95
抽象化　196
抽象水準の統一　120
直線的な変化　24、25
直感　66
ツリー構造　136
定量化を図る　184
統計データ　64、67
統合　133
動的計画法　190
とっさの意思決定　163、164
トップダウン型ツリー構造　136

【な行】
7つの思考ステップ　16
日本十進分類法(NDC)　116

【は行】
バイアス　59
バイアス―「いいものは高い」　62
バイアス―過去の経験　61

バイアス―期待　60
バイアス―経験則による　61
バイアス―原因分析　62
バイアス―自分自身について　60
HOWツリー　137
発散思考(Goの思考)　75
はっそう【発想】　75
発想の思考　15
PM理論　142、143
ビジネスシステム　146
百マス計算　9
評価基準の決定　161
ひょうげん【表現】　195
表現手段　197
表現の思考　16
非連続的な変化　24、25
無難な戦略(ラプラス基準)　181
部分最適　134
ブレイン・ストーミング法(BS法)　91
ブレイン・ライティング法　103
フレーミング　183
プロセス構造　145
プロダクト・ポートフォリオ・マトリックス分析(PPM分析)　144
プロダクトライフサイクル　147、148
ブロック―感情の　87
ブロック―認識の　84
ブロック―文化の　86
分化　133
ぶんるい【分類】　111
分類の思考　15、107
ペイオフ表　178
包括性　117
包含構造　151
ポジショニング　140
ボトムアップ型ツリー構造　138
WHYツリー　137
WHATツリー　137
本書における「意思決定」の定義　161
本書における「観察」の定義　47

217

本書における「構造化」の定義　131
本書における「発想」の定義　75
本書における「表現」の定義　196
本書における「分類」の定義　111
本書における「目的探索」の定義　27

目的探索の思考　16
目的にあった分類基準　118
目的の連鎖　38
モレなくダブリなく分ける　123
問題の定義　161

【ま行】
負けないための戦略（マキシミン基準）179
マトリックス構造　139
マトリックス法　103
三隅二不二（みすみじゅうじ）142
3つのブロック　84
MECE　123
メタ認知　12、13
メタ認知制御　12
メタ認知的知識　12
網状構造　150
もくてき【目的】27

【や行】
4分割マトリックス　57

【ら行】
リチャード・E・ニスベット　107
類比法　89、99、103
連想法　90
論理的思考　8

【わ行】
わかる　112
分ける　112

監修者・執筆者紹介

【監修・執筆者】

●**大神賢一郎**（おおがみ　けんいちろう）〔監修、序章、第6章、第7章担当〕
　学校法人　産業能率大学総合研究所　総合研究所教授、経営管理研究所主幹研究員。
　早稲田大学政治経済学部経済学科卒業、多摩大学大学院経営情報学研究科修士課程修了、多摩大学大学院経営情報学研究科博士課程中退。
　コンサルティングファーム勤務を経て学校法人産業能率大学に入職。

【執筆者】

◆**関　直治**（せき　なおはる）〔第1章、第3章担当〕
　学校法人　産業能率大学総合研究所　経営管理研究所　研究員。
　日本大学商学部商業学科卒業。
　地方銀行、外資系総合人材サービス会社勤務を経て学校法人産業能率大学に入職。

◆**小林　幸平**（こばやし　こうへい）〔第2章担当〕
　学校法人　産業能率大学総合研究所　経営管理研究所　研究員。
　大阪大学基礎工学部電気工学科卒業、大阪大学大学院基礎工学研究科物理系専攻修士課程修了。
　システム・インテグレーション企業、コンサルティング企業を経て学校法人産業能率大学に入職。

◆**杉崎　高広**（すぎざき　たかひろ）〔第4章、第5章担当〕
　学校法人　産業能率大学総合研究所　経営管理研究所　研究員。
　早稲田大学政治経済学部経済学科卒業。
　化学メーカー勤務を経て学校法人産業能率大学に入職。

～お問い合わせ先～

（学）産業能率大学総合研究所　http://www.hj.sanno.ac.jp

＊本書の内容全般についてのご質問等は、下記のメールアドレス宛にお問い合わせ下さい。

E-Mail：webm@hj.sanno.ac.jp

＊具体的なコンサルティングについて、より詳細な内容等をご希望される場合は、下記宛にご連絡いただければ幸いです。

・普及事業本部　事業推進課
TEL 03-5758-5109

〔(学)　産業能率大学総合研究所　普及事業本部〕

第1普及事業部（東京）	03-5758-5110
第2普及事業部（東京）	03-5758-5113
第3普及事業部（東京）	03-5758-5109
東日本事業部（東京）	03-5200-1711
東北事業センター（仙台）	022-265-5651
中部事業部（名古屋）	052-561-4550
西日本事業部（大阪）	06-6347-0321
中国事業センター（広島）	082-261-2411
九州事業センター（福岡）	092-716-1151

SANNO メールマガジンのご案内

SANNO メールマガジンでは定期的に無料フォーラムのご案内や人材育成に関する情報を配信させていただいております。

お申込はこちらから　　http://www.hj.sanno.ac.jp/mm/

「SANNO マネジメントコンセプトシリーズ」について

"SANNO マネジメントコンセプトシリーズ"は、マネジメントの総合教育・研究機関である（学）産業能率大学が、これまで研究活動を通じて培ってきた（マネジメントの）課題テーマに関する知識（考え方）などの方法論について、実務に携わる実践的ビジネスマン書としてシリーズ化して刊行されたものです。

知的商務の技術
――考えるフレームを強化する7つのステップの実務書――

編著者	（学）産業能率大学総合研究所 知的商務の技術研究プロジェクト
監修者	大神賢一郎
発行者	田中 秀樹
発行所	産業能率大学出版部

〒158-8630 東京都世田谷区等々力6-39-15
(電話) 03 (6266) 2400
(FAX) 03 (3211) 1400
(振替口座) 00100-2-112912

2007年11月23日 初版1刷発行
2011年12月20日 7刷発行

印刷所/渡辺印刷　製本所/協栄製本

(落丁・乱丁本はお取り替えいたします)

©2007, Printed in Japan.
〈無断転載禁止〉

ISBN 978-4-382-05578-0